郑小悠 著

年羹尧之死

（修订版）

山西出版传媒集团
山西人民出版社

图书在版编目（CIP）数据

年羹尧之死 / 郑小悠著 . -- 修订版 . -- 太原：山西人民出版社，2024.6
ISBN 978-7-203-13412-1

Ⅰ.①年… Ⅱ.①郑… Ⅲ.①中国历史—清代—通俗读物 Ⅳ.① K249.09

中国国家版本馆 CIP 数据核字（2024）第 099642 号

年羹尧之死

著　　　者	郑小悠
责任编辑	王新斐
复　　　审	傅晓红
终　　　审	梁晋华
装帧设计	陆红强
出　版　者	山西出版传媒集团・山西人民出版社
地　　　址	太原市建设南路 21 号
邮　　　编	030012
发行营销	0351-4922220　4955996　4956039　4922127（传真）
天猫官网	https://sxrmcbs.tmall.com　电话：0351-4922159
E-mail	sxskcb@163.com　发行部
	sxskcb@126.com　总编室
网　　　址	www.sxskcb.com
经　销　者	山西出版传媒集团・山西人民出版社
承　印　厂	北京汇林印务有限公司
开　　　本	870mm×1120mm　1/32
印　　　张	7.5
字　　　数	200 千字
版　　　次	2024 年 6 月　第 1 版
印　　　次	2024 年 6 月　第 1 次印刷
书　　　号	ISBN 978-7-203-13412-1
定　　　价	58.00 元

如有印装质量问题请与本社联系调换

疑为年羹尧画像

雍正帝画像

雍正帝称年羹尧为"恩人"的朱批

览卿奏谢知道了有新製清琍烟龘二枚等来赐你乃怡王所喜之款样再恰亲王可以等得你的天下第一郡已他定了一樣敎你疼你服你惜保重出至誠即吾等西边大步有许多了向你说尽话多书不尽意后明歲秋冬束陛见时再向你面言参得狠况王此一稜真寔分东西誠寔寔当中之雖得者朕当日寔不深知有即信束朕懼日重一日待之邻中之更络若方有補扵王者吴晋隨雍正二年閏四月十八日具使寫束與王他領會得朕的苦谕不必令王知也

雍正帝极力向年羹尧称赞怡亲王允祥的上谕

朕已衛將年熙過繼與隆科多作子矣年熙自幼有病朕甚疼憐形氣甚虛恵輕急重必操心諸凡事皆今春病時朕深添形氣甚虛恵輕急重必操心諸凡事皆看他的命月下益壞運而且不運對十年上好的有意而不長故因時朕思此子那必此完的人近日者人

雍正二年六月十五日具

逢選你月下逢中言前魁長子所以朕勸步機速爾艾布不曾商量擇好日即發令其此子接不與你相干了此已矣名得徒徒自然全愈健壯矣年熙病先前即當通知你但你在對千里了外操頻心處

章處蓋應但朕布蓋不曾數你者歲字中皆諭保知老切平安之言自春夏事惟諭爾文康健益未遂及此諭也朕算不忍數你一字也爾等時瀾之自然感喜將來看得任功名事業必有口

你竟在朕憤了朝期恆這樣東西些年羹堯在朕前保舉些接的人豈有此理你思得此待朕朕竟愧而不注即此字朕竟含淚對朕書感者時東將頭枕一枕將心捧一捧朕亦時常如此自問也覽奏寛免諸在大同吾民賣買人俱擡買主普業感激而臭下人逐日付箭婊戲弄等為難之色問吾行以致此皆吾一切交易上下

聖明洞察自非讒口所能動搖而臣表率兩省不能
消彌衆謗必臣之存心行事實有取怨於人之
處尚何面目以訓示屬員董教軍民乎此臣之
寤寐難安刻難自怨者也然臣受
恩深重終不敢以此求罷以卜急流勇退之名而耿
耿寸心又必欲善以自全以潛消猜忌之口以
存此圖報之軀惟有泣懇我
皇上俯念臣本係久病之身勉辦兩省之事若再不
能引避投閒則不特衆謗難彌
反致上負

岳钟琪任川陕总督后备受满蒙贵族猜忌，多次请辞总督

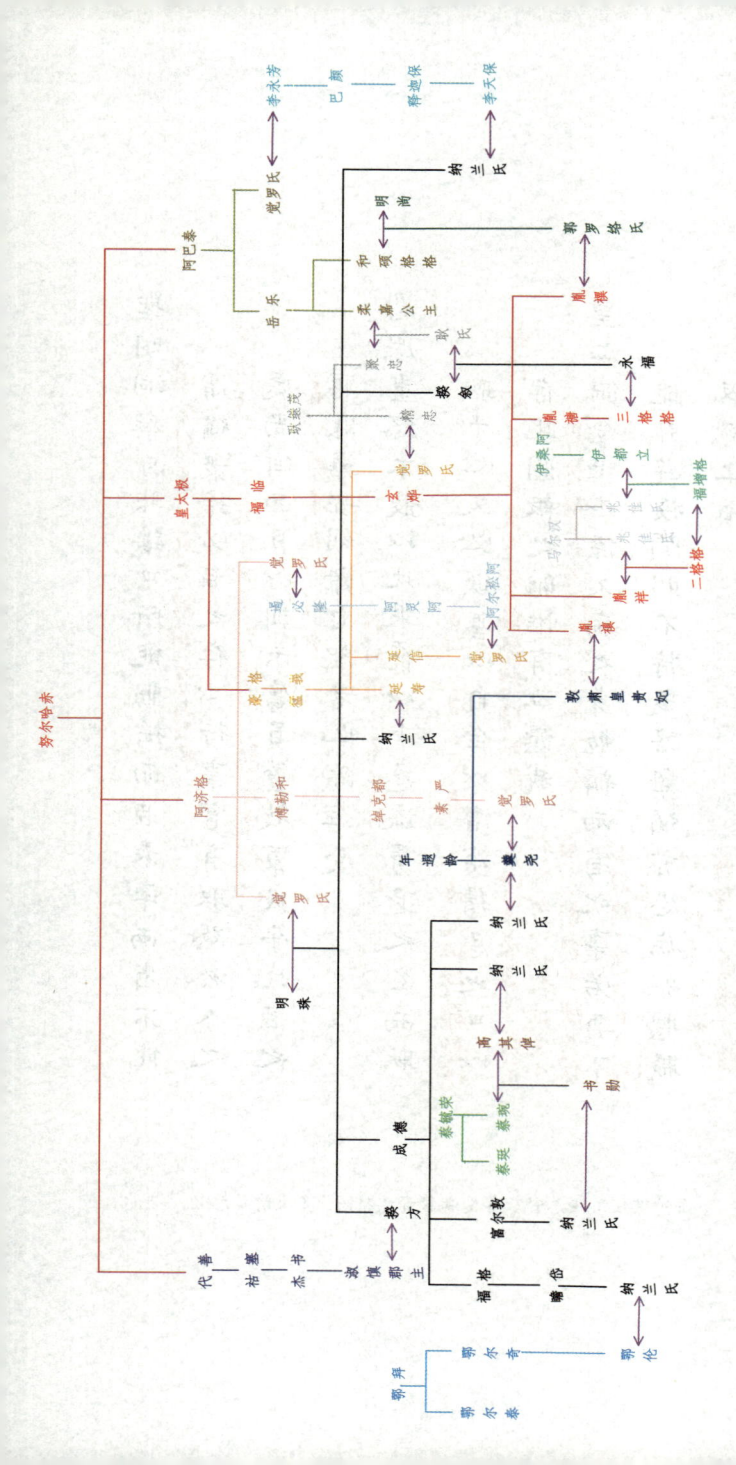

年羹尧姻亲关系图

初版自序

《年羹尧之死》这本小书，是我正式出版的第一部著作。然而每每打开电脑，欲自作一序时，便生出近乡情怯的感觉，不知从何下笔，述说内心的感触。唯有略陈固陋，聊展寸私而已。

我从小喜欢历史。当然，这里所谓的历史，和我后来作为专业学习了多年的历史学是很不一样的，无外乎评书戏曲、历史小说等大众喜闻乐见的讲史方式。上高中以后，我逐渐步入互联网世界，并开始在网上与人论史。当时，受《雍正王朝》等热播清朝题材电视剧的影响，网络上论说清史的声音最为热烈，我也不能免俗，跃跃欲试，颇想加入讨论。不过，以我一贯好胜求异的性格，虽然极年轻，也不肯跟在别人后面，或应诺叫好，或发表些过于幼稚的观点。于是，我开始在网络上默默搜集清史文献，半懂不懂，啃了不少史料。记得高三时，班主任让我们罗列自己阅读过的课外书，我的书单中竟有《雍正朝汉文朱批奏折汇编》之类，令老师大为惊诧。有了些背景知识打底，我在网络清史圈也显得游刃有余起来，先是发史料，再是论观点，上大学以后又写起了网络小说，吸引了不少粉丝，自我感觉十分良好。然而，当我真的凭着这样得来的自信，选择北大历史系，准备以清史为专业时，我才仓皇发现：原来我这样的"出道"经历，就是学院派口中的"民科"啊！

还好，北大是个英雄不问出处的地方，只要能够按照专业要求完成学业，其他事情是不消多说的。六年时间的研究生学习，我努力而又尽量不动声色地克制自己的"民科"趣味，强迫自己变得专业、再专业一些。终于在2015年，我拿到了历史学博士学位，一时间洋洋得意，自诩为孙菊仙、言菊朋，"名票下海"，转型成功。

博士毕业以后，我入职国家图书馆，虽然科研压力较之留在高校有所缓解，但如何利用自己的专业背景，开展阅读推广、文化传播，成为我必须要考虑的事情。在这种情况下，此前的"民科"经历，特别是在历史普及文章写作方面积累的题材和经验，就颇值得我"创新性转化"与"创造性发展"起来。于是，我捡起了自己的旧爱好，再以历史学专业的思维方式、研究方法升华其境界、匡正其观点、去取其材料，以微信公众号为平台，写作多个系列的读史、讲史小文章。《年羹尧之死》，即其一也。

这里还要说说我跟本书的主人公年羹尧的缘分。在"民科"时代，我的头号"研究"对象是当时最受热捧的雍正皇帝。年羹尧作为康雍时期的一位极重要大臣，我虽然对其经历、事迹有所涉猎，但也失于浮泛。2010年，我认识了后来的密友吴菲帆。现在已经是上海滩律师的她，当年还是个追捧我小说《天地古今惟一啸》的本科小女生，且她的趣味与旁人大不同，所钟爱的竟是我笔下的配角——年大将军羹尧。作为一个意志十分薄弱的作者，随着与"年粉"小吴的频繁交流，我对年羹尧的兴趣也日渐增高，阅读了与之相关的不少史料，对他的性格、经历，也颇多同情之理解，甚至一度因为对他下笔"偏袒"，招致其他读者的不满。

2012年，随着博士阶段科研压力的日益增大，只完成了三分之一的小说惨遭搁笔，至今未能完结。幸好，因为写小说而积攒的材料还在电脑中，因为写小说而梳理的思路还在自己脑中，几年后重新捡起，倒也不费什么力气。不过，当年小说写得驳杂，转作以历史学为基础的普及读物，总要有个明确的主题。这时候，年羹尧这个传奇人物的传奇经历抢先浮现在我的脑海中。

年羹尧是清代中前期的重要大臣，影视剧上镜率颇高，也因此在观众心目中形成一些程式化的形象，如武艺高、功劳大、个性张扬跋扈等等。然而，历史上的年羹尧并不是个简单的脸谱化人物，他四十七岁的生命虽然不长，然而大起大落、大喜大悲、大功大罪的人生经历，却颇能令后来人感慨嗟叹；他与康熙、雍正两位君主，以及同时代许多著名人物，都有复杂深刻的关系，并由此而对历史发展产生重大影响。这种复杂与深刻，往往体现在人情事理的细节当中，欲将这些细节铺陈展示给更多的读者，引起他们的共鸣与思考，就不是通常意义上的学术论文所能实现的，而非融情入理、苦心孤诣、笔触纤微所不能。在这种情况下，我写作了《年羹尧之死》，尝试以此人为突破口，实现我对于历史普及读物的追求，即结合当时的时代背景、制度设计、社会心理、风气好尚，通过古今同理的人情世故与逻辑推理，向读者做出历史场景的推断、认识误区的澄清，将类比的触角突破时间的尘封，引入到今天的现实生活中。

《年羹尧之死》在网络连载后，经我的博士指导老师之一、北大历史系主任张帆教授介绍出版，又烦张老师，并我的导师北大历史系郭润涛教授、我的领导国家图书馆张志清副馆长多加垂注，撰写推荐意见。师长辈的殷殷热望，令我喜而生愧，愧而图进。本书蒙策划人尚红科先生青眼有加，弃瑕录用，感激之情，亦难言表。此外，文章在网络发布时，收获了许多师友和网友的转发鼓励与精彩评论，拳拳惠爱，再致谢忱。至于我的父母、家人，更自始至终都是我的忠实读者与坚强后盾，工作的压力和写作的劳苦，在他们的支持下一次次冰消瓦解，化作动力与激情。

值此拙作付梓之际，心曲葵葵，毫端草草。已矣哉！书不尽意。

郑小悠

2018 年 3 月 18 日于家中

目录

"功臣不可为" …………………… 01

家世与姻亲 …………………… 09

英雄少年时 …………………… 16

春风得意马蹄疾 ……………… 27

郎舅之间 ……………………… 34

关键时刻的关键人物 ………… 43

报君黄金台上意 ……………… 50

你就是朕的恩人 ……………… 60

三巨头的恩怨情仇 …………… 69

监视者变成保护伞 …………… 81

事情发生了变化 ……………… 89

为"倒年"做铺垫 …………… 101

改造川陕军政集团 …………… 112

逮捕进京 ……………………… 122

年公最小偏怜女 ………………… 132

虎入年家 ………………… 140

大罪九十二款 ………………… 150

虚虚实实 ………………… 160

不断攀升的死亡人数 ………………… 170

万事豪华如转烛 ………………… 180

附录1 ………………… 189

附录2 ………………… 193

附录3 ………………… 199

参考文献 ………………… 216

再版后记 ………………… 219

"功臣不可为"

年羹尧是清代历史上一位传奇人物，多年来，借助小说、评书、戏曲、影视剧等新旧传媒方式，不说家喻户晓，也算是大众红人。既然写作对象是位有雄厚"群众基础"的历史人物，本书作为一本历史普及读物，完成起来就要轻松愉快得多，毕竟边批判文学、影视形象，边介绍历史知识，既能讲得生动有趣，又容易让读者感同身受。

年羹尧生于清康熙十八年（1679），雍正三年（1725）被雍正帝下旨赐自尽，去世时年仅四十六岁。他的人生巅峰期是雍正元年（1723）、雍正二年（1724），当时只有四十四五岁的他，头衔是抚远大将军、太保、一等公、川陕总督。在这两年中，年羹尧专阃西北，兵权在握，在冰原大漠中屡战屡捷，将试图割据自立的青海和硕特蒙古首领罗卜藏丹津远逐，平定了雍正皇帝即位后的第一场大规模边疆叛乱。此后，他的威望、权力都达到极致，与朝中掌握财政大权的怡亲王允祥，掌握人事大权的吏部尚书、国舅隆科多并列成为"政坛三巨头"。

可惜好景不长，携战胜之威的年大将军只风光了大半年，弥天大祸的阴影就一步步向他逼近。而他呢，先是后知后觉，继而手足无措，直到身陷缧绁、命丧黄泉。从位极人臣到身死名裂，不过一年时间。在他败象大露但还心存侥幸的雍正三年三月，他门下一个叫汪景祺的清客，写了一篇名为《功臣不可为》的文章，以古讽今，叙说年羹尧的委屈。其文曰：

> 鸟尽弓藏，古今同慨。论者或谓功高不赏，挟震主之威，不能善自韬晦，故鲜有以功名终者。予曰不然。天步艰难，干戈鼎沸，粮饷挽输于外，库帑耗竭于中。其时节钺重臣，为国奋身，不顾万死一生，昼食不甘味，夜卧不贴席，孤军累卵，出入锋镝之间，或身历戎行，或运筹帷幄，虽父母妻子亦弃之如遗。幸而告厥成功，九重不致旰食，举酬勋之典，受殊爵之荣，位极人臣，威拟王者，又可所苦而反乎？横加猜疑，致成嫌隙。进不得尽其忠节，退不得保其身家。抚驭乖方，君臣两负。呜呼！千古之豪杰英雄所为椎心而泣血者也！
>
> 彼夫猜忌之主，其才本庸而其意复怯。当贼寇昌炽时，望烽火则魂惊，见军书则股栗。忽有奇才异能之臣，起而戡定群凶，宁谧四海。捷书一奏，喜出非常，七宝庄严之殊礼宠遇之。迟之既久，则转念曰：敌人如此其横肆，兵事如此其周章，而此臣竟翦灭之，万一晋阳之甲兴，谁复能捍御者？于是而疑心生焉矣。既而阅所上纪

功册，某处斩首几十万，某处拓地几千里，某处招抚若干，某处虏获若干，心胆震惊，魂魄荡慑，于是而畏心生焉矣。既建奇功，复膺异数，位崇五等，礼绝百僚，内外臣工以其为朝廷所重也，无不敬而奉之，谄佞小人趋承恐后，长跪叩首，待之逾于常礼。而且题官则嫌其专擅，奏销则防其冒滥，叙功则憾其诈伪，卤获则谓其私藏，触处挂碍，争宠者又从而构之，于是而怒心生焉矣。彼自谓受恩既深，以忠荩为报国，怀光欲去卢杞，李晟思慕魏征，而爱昵不可遽除，忠言不能入耳，反恨其无礼于君，恃功骄横，于是而厌心生焉矣。疑也，畏也，怒也，厌也，以此四者待功臣，有不凶终而隙末者乎？

郭子仪以酒色自晦，仅能保首领以殁。李光弼遂至拥兵不朝，几失臣节。下之未有不麾军犯阙者矣。仆固怀恩恐贼平宠衰，遂奏留田承嗣三节度。刘巨容追黄巢，几获之而纵其去，曰："国家喜负人，不如留之以为富贵之资。"而唐社遂屋，虽由臣节之未纯，亦猜暴之主有以致之也。杀道济而长城坏，害萧懿而东昏亡，洪武戮开国诸臣如屠羊豕，靖难兵起而金川不守。可胜慨哉！可胜慨哉！

三月十七日

文章的大概意思是说：鸟尽弓藏，是自古以来的常态。历代评论者崇尚君主，无不批评功臣功高震主，不知道收敛韬晦。其实功臣下场悲惨，很大程度上并不是他们自己的原因，而是君主的缘故。那些猜忌功臣的君主本身才具平庸、性情怯懦，见到边疆烽火、贼寇狼烟，就吓得魂飞魄散。当豪杰大将平定叛军后，做君主的先是喜出望外，对功臣待如上宾，但转念一想：敌人这样凶悍，尚能被此人消灭，万一他哪天起了当皇帝的心，反叛于我，还不是探囊取物？有此一念，疑心顿起。再拿起功劳簿一看：斩首几十万、拓地几千里、招抚多少部落、俘虏多少人口。

好家伙！这么大本事的人睡在我卧榻之侧，那还得了！于是庸主由猜疑而畏惧，越发对功臣警惕起来。另外，功臣既然建立奇功、荣膺高爵，自然免不了有小人逾越礼数、阿谀奉承。而功臣在外建功之际，又多与在朝中的实权派人物有所冲突，比如管人事的嫌他肆意举荐、滥赏冒功；管钱物的骂他报销违规、私藏缴获。总之，办大事的人，哪有不落下一堆小把柄的？争宠者随便挑出几个挑拨构陷，就足够触君主之怒了。功臣自谓是国家柱石、受恩深重，讲话也比一般大臣更直率一些。忠言逆耳，君主自然更不爱听，心生厌烦。几下里凑起来，功臣便让君主又疑又畏又怒又厌，他还能有个好结果吗？历史上种种事例都昭示着，君主暴虐猜忌，或者逼迫功臣养寇自重，或者因为屠戮功臣自毁长城，这样的国家没有不败亡的呀！

这篇文章与汪景祺的多篇杂文放在一道，取名《读书堂西征随笔》，送到年羹尧手中。不过，年羹尧对这部书稿的重视程度并不太高。他在预感到自己可能被抄家前，将所有重要书信、书籍付之一炬，让负责抄家的官员在抄检他的内室、书房时一无所获，直至抄到"粗重家伙"和乱纸堆时，才发现了这部《读书堂西征随笔》。抄家官员翻开《功臣不可为》等篇目后，如获至宝，称其"甚属悖逆"，感到"不胜惊骇"，随后将该书收缴入宫。雍正帝看过此书后，气贯瞳仁，破口大骂，下旨将汪景祺本人枭首示众，妻儿等近亲发配黑龙江。虽然雍正帝自称，他诛杀汪景祺的原因是汪书中有大量诽谤诋毁其父康熙皇帝的内容，而非这篇转着圈骂自己才庸、意怯、猜忌、暴虐的《功臣不可为》。但完全可以想见，正在处理年羹尧案的雍正皇帝看到这篇文章时，要有多么的气急败坏、咬牙切齿。

汪景祺是杭州籍的世家大族官二代，他父亲汪霦在康熙年间官至户部侍郎，按理说职务也很不低了。汪景祺本人虽然文笔犀利如刀，但应试能力不行，屡试不第，四十多岁才考中举人，此后一直没有做官，只以入幕做清客为生。说他恃才傲物、刻薄尖酸，确乎不假，但要论这篇文章，却并非完全是偏激之见，而有一定道理。

中国古代传统意义上的功臣，大多产生于军事活动当中，即军功。建立军功的类型很多：有开基立业型，比如韩信、张良；有乱世争雄型，比如白起、蒙恬；有开疆拓土型，比如卫青、霍去病；有力挽狂澜型，比如郭子仪、李光弼。此外还有抵御外敌侵扰、平定政敌叛乱、镇压民众反抗等各式各样，视具体情况而有所分别。

建立军功者早期以武将为主，宋以后则多以文御武，特别是明清承平时代，多以文官掌兵权，如明朝的于谦、王守仁、袁崇焕、洪承畴（后降清），清朝的曾国藩、左宗棠、李鸿章、胡林翼等，都是如此。年羹尧以进士翰林起家，作战时以川陕总督为本职，虽然加以"大将军"头衔，但亦在文官掌兵之列。战国、秦汉以后，在军事活动中建立大功业者，多被奖以爵位，如列侯、国公等等。爵位区别于一般职官的最大特点是可以由子孙世袭，所以大功臣多能通过军功进入贵族阶级，获得高于一般文武官僚的政治地位，对王朝具有"与国同休、带砺山河"的强烈政治认同感。而相对于建立军功者，在日常政务中表现突出的文官（包括和平时期的武官），最多只能获得职务上的提拔，担任政府运行的高级"职业经理人"，在一定的任期内执政，而不能获得爵位、进阶贵族，甚至成为政权的"持股人"。"爵以赏功、职以任能"是中国古代政治的基本逻辑之一。

一方面，军功贵族待遇优厚，是王朝的特权阶层；但另一方面，大功臣横遭猜忌、下场悲惨，也确实是历代王朝的普遍现象。大功臣中能够善始善终者，多以拼命自我压抑为代价，郭子仪、曾国藩，都是其代表人物。

其中的原因非常复杂，有功臣本身的问题，比如战争环境下对于统帅、将领的要求，与和平环境下对于文武官员的要求很不一样。战争状态中的军事长官，必须拥有绝对权威，必须具备争强好胜的性格特点：面对战机，要杀伐决断，甚至孤注一掷；管理部下，要奖惩严明，甚至一言生死。这样的人，其行事作风在和平时期的官场上必定不会讨人喜欢，通常会给人留下无视秩序、飞扬跋扈的印象。

此外，战争环境的残酷艰辛，很容易让统帅和部属、士兵之间建立极其密切的关系。所谓袍泽之谊、战友情义，是其他形式的感情无法比拟的，而一旦战争结束，这种感情也将随即转化为根联固结的利益关系。因此，全面战争，比如改朝换代之类，往往同时出现大批功臣，形成多个既息息相关又互相倾轧的"功臣集团""勋贵集团"。战争结束后，这些大小功臣，以及他们为数众多的生死袍泽、子弟亲属，凭借功劳迅速占据国家权力的最高层，随之而来的是分割大量社会经济资源。这必然给国家的重建和常态下的政治运行带来很多麻烦，也必然与有志有力、争取独裁的君主，以及负责日常行政管理的文官们产生难以调和的矛盾。在这种情况下，君主与官僚联合，剥夺功臣集团的权力，几乎成为历朝历代"国初斗争"的常态。

更有甚者，历史上确实多次出现功臣坐大的现象：或臣强主弱、抢班夺权，如曹孟德；或割据一方、扯旗造反，如吴三桂，等等。不论哪一种，造成的后果都非常严重。在这样的前车之鉴下，有野心有实力的大功臣，无疑会被皇权视为重大威胁。

有鉴于此,君主们一旦认为功臣或有不臣之心,或有不臣之力,往往就要对其削职夺权,甚至大开杀戒。当然,判定功臣"不臣"之后,到底是止于削职夺权,还是真的大开杀戒,就与当时的政治形势,以及君主的个人风格密切相关了。有些君主气度较为恢宏,对功臣问题的处理就更温和一些,譬如赵匡胤的"杯酒释兵权",就颇为人所称道;而有些君主刻忌雄猜,手段就要激烈得多,譬如朱元璋的重刑滥杀、屠戮无遗类,就大为人所诟病。

至于汪景祺所说的,君主自己庸常怯懦、阴私猜忌,加之旁人构陷,而纯粹冤杀功臣的情况,也不少见。譬如周亚夫、岳飞、于谦之死,都是历史上的著名冤案,千百年来令人扼腕叹息。

雍正杀年羹尧,也体现了他猜忌刻薄、反复无常的一方面——笔者猜想,如果同样的事情放在康熙皇帝身上,年羹尧至少不会有性命之虞。但另一方面,年羹尧的问题又很复杂,他除了个性跋扈、掌握军权、代表川陕地区盘根错节的利益集团外,还具有外戚身份,可能会对以后的皇权稳定交接产生负面影响,而这一点是此前的研究者较少关注的。

那么,作为"功臣不可为"的代表性人物,年羹尧到底是个什么样的人?他的发迹和败亡所为何由?他和康熙、雍正二帝之间到底有怎样的关系?容笔者慢慢讲来。

家世与姻亲

年羹尧，字亮工，号双峰。其名与字都取自《尚书》，"尧"是字辈，"羹"取"调羹"之意，比喻宰相治理国家。"亮工"出自《舜典》的"钦哉，惟时亮天工"！意思是能辅佐天子立下大功。无论名还是字，都是要位极人臣、建功立业的意思，显得颇有豪气。

顺便多说一句，亮工这个词，意思很好，可实在不大吉利，清初有三个名亮工或者字亮工的名人，运气都很不好。除年亮工外，明清之际，有文学家周亮工，先在明朝做官，后来降清，虽然官声不错，但顺治、康熙年间先后三次因为贪污、滥杀的罪名论死；虽经陈述冤枉，勉强保住性命，乾隆年间又入了《贰臣传》。又康熙、雍正年间，有江苏武进人钱名世，字亮工。雍正四年（1726），钱名世因为附逆年羹尧，被革职发回原籍。雍正皇帝为了对其进行羞辱，亲自书写"名教罪人"匾额，让钱名世悬挂在自家大门上，并命在朝翰林出身的三百多名官员写诗声讨他的罪行，结成《名教罪人诗》。其中有个叫陈万策的官员取巧写了句："名世已同名世罪，亮工不易亮工奸"，把他和年羹尧凑成一对。

年羹尧家族本来姓严，祖籍安徽怀远，后来讹"严"为"年"，遂以年为姓。成化年间的户部尚书年富，即是其家族中人。明朝后期，年氏家族迁居辽东广宁。明清之际，年羹尧的曾祖年有升一家被清军裹挟入旗，隶于汉军镶白旗下。顺治十二年（1655），年羹尧的祖父年仲隆考中进士，历官知州，开始了家族的上升之路。

到了年羹尧父亲年遐龄这一代，年氏家族的政治地位陡然提高。年遐龄由笔帖式出身，平流进取，到康熙三十一年（1692），官至工部左侍郎、湖广巡抚，康熙四十年（1701），署理湖广总督，成为清王朝的高级官员。年遐龄子女较多，著名于世者有长子年希尧、次子年羹尧，以及幼女——雍正皇帝的敦肃皇贵妃年氏。

其中，长子年希尧，字允恭，生于康熙十年（1671），比年羹尧大八岁。他借着父亲、弟弟、妹妹、妹夫的光，官至左都御史。年希尧官做得虽大，做官的兴趣却不大。相反，他博学多闻，尤其喜爱西学，像个穿越到清朝的欧洲百科全书式学者。他在几何学、透视学上颇有造诣，著有《视学》《测算刀圭》《面体比例便览》《对数广运》等著作；通晓医学，辑有《集验良方》六卷；精于绘画，工山水、花卉、翎毛；喜爱音乐，是广陵琴派的传人之一。此外，他在陶瓷烧造方面有卓越贡献，雍正年间担任景德镇御窑厂监督九年，发掘传统工艺，实验新技术，研制出十几种颜色的珐琅彩颜料，解决了清代珐琅制瓷必须进口颜料的难题。如今以精雅著称、风靡互联网和拍卖市场的雍正瓷，很多都是由他主持烧造的，世称"年窑"。当时，一位清廷法国传教士在给法国皇家科学院秘书长的信中曾说："他（年希尧）既非文人又非学者，如果他得知欧洲的学者们将他引为同侪……定会大吃一惊。"

敦肃皇贵妃是年遐龄的老来女。她在康熙五十年（1711）前后嫁给雍亲王胤禛为侧妃，其时年纪当在十四五岁，所以她大约要比二哥年羹尧小十五六岁。

在这里，我们先要介绍一下清代皇室的婚姻制度。与汉民族长久以来实行的一夫一妻多妾制不同，蒙古、满洲等北方民族的传统是多妻制。侧妻也是妻，地位比正妻略低，但远远高于妾。如根据《清会典》所载的舆服制度，亲王侧妃冠顶饰东珠九颗，比亲王嫡妃仅少一颗，而比下一级的郡王嫡妃还多一颗。这可能与侧妻是聘娶而来、妾是战争掳掠而来有关。明初皇室受元朝影响，也有过类似的做法。比如朱元璋为他的次子秦王朱樉娶元末名将王保保之妹为妃，娶开国功臣、卫国公邓愈之女为次妃，可见次妃地位之高。满洲上层的多妻制在清朝入关后有所消减，侧妻的地位有向妾靠拢的趋势，但在康熙年间，这一制度仍保持着一定惯性，特别体现在高爵宗室内部。其时，皇子、亲王的侧妃主要有两类人：一是官宦世家之女，二是见宠于夫主、生育过子女的妾，一般而言，前者的地位较后者更高。雍亲王胤禛居藩时，有两位侧妃：年氏、李氏。李氏年长资深，在年氏进入雍王府前，已经为胤禛生育多位子女，而年氏则因世家显赫的缘故后来居上。雍正帝即位后，将年氏封为贵妃，地位仅次于皇后那拉氏，李氏则下其一等，屈居妃位。

雍正帝是天生的政治人物，对于女色兴趣不大。雍正六年（1728），湖南人曾静号召反清复明，为当今皇帝扣上十大罪状，其中有一条是"好色"。雍正帝为此疾呼驳斥说："远色二字，朕实可自信，而诸王大臣近侍等，亦共知之。今乃谤为好色，不知所好者何色？所宠者何人？"雍正帝虽远远谈不上好色，但对女性之美，还是有自己的欣赏视角。他曾命人画了十二幅工笔重彩汉装美人图挂在屏风上，后经朱家溍先生考证后命名为《雍亲王题书堂深居图屏》。画中美人或读书，或对镜，或赏花，或戏蝶，姿态各异，但体态纤柔、相貌清秀、气质文雅的特点是一致的，可见其对女性的审美旨趣。而雍亲王在潜邸时的妻妾，或出身于满洲武功贵族，或出身于白身包衣家庭，恐怕气质举止、文化修养，多与画中美人不符。唯有出身仕宦科举之家、身体又很羸弱的年氏与之相类。是以年氏虽然入府较晚、与雍正帝年龄差距较大，但颇受宠爱，夫妻感情十分融洽，十年左右的时间就生育了三子一女，与李氏并列为雍正帝生育子女最多的后宫。不过大概是因为"素病弱"，年氏所生的孩子都没有活到成年。换言之，如果年氏之子能够长成，子以母贵，对储位当有很强的竞争力。

年羹尧出生于康熙十八年（1679）农历二月，具体日期不详。这一年是清军入关的第三十六个年头，康熙皇帝平定"三藩之乱"的战争已接近尾声，清王朝在中华大地上的统治基本稳定下来，我们通常所说的"康乾盛世"即将开始。年羹尧作为高级官员子弟，对清王朝的统治应有较强的认同感，是王朝自己培养的青年俊杰。

年羹尧自己娶过两任妻子，第一任是大权臣明珠的孙女、著名词人纳兰性德的女儿——叶赫那拉氏。按理说，年遐龄虽然做到了署理总督，但毕竟只是靠个人奋斗上位的普通行政官僚，又是汉军旗人，且年羹尧本人还是庶出，和康熙年间红得发紫的权相明珠够不上门当户对。不过，明珠是个慧眼识才的伯乐，他大约在康熙三十九年（1700）年羹尧入仕前后——就相中了这个卓尔不群的小伙子，并很快将孙女嫁给他。没过几年，纳兰小姐病逝，明珠不愿意断了这门好亲戚，遂再次做媒，将自己夫人娘家的一位姑娘——英亲王阿济格一系的宗室格格介绍给年羹尧做继妻。

年羹尧与两位夫人的感情都比较融洽。康熙四十五年（1706），他原配纳兰夫人的婶母、明珠第三子揆方之妻淑慎郡主（郡主为康亲王杰书之女）病故，揆方邀年羹尧为亡妻撰写墓志铭。其时，纳兰夫人已经去世，年羹尧忆及夫人生前所述娘家旧事，娓娓道来，末称："余之执笔不禁泫然者，则以安仁奉倩，相怜同病，凄其旧雨，昔梦重温，盖余妻之墓，已有宿草久矣！"意思是说："我今天为揆方公的爱妻撰写墓志，执笔挥毫时想起我的亡妻，不禁黯然泣下。魏晋时与妻子恩爱的潘安、荀粲同病相怜，现在我与揆方公怀念妻子的凄楚心情也是一样的。想想我的妻子啊！坟前已经长满了旧草。"言辞间颇见伉俪情笃。两年后，揆方病故，明珠又命年羹尧为"情好最笃"的揆方撰写墓志，足见明珠对这个前孙女婿的满意程度。

年羹尧是汉军旗人，满文读写能力一般。他在雍正年间担任大将军期间，与军务相关的机密奏折多用满文书写，皇帝也多以满文进行回复。年羹尧曾向雍正皇帝报告，自己遇到不能读写的满文时，为保密起见，不肯让外人阅览，而是请满文更好的继配夫人觉罗氏帮忙翻译，夫妻配合撰写奏折。雍正帝对年羹尧与觉罗夫人的琴瑟和谐也有所了解，在对年羹尧大加赏赐时，还曾指名赏赐觉罗夫人耳坠等首饰，取"夫妻双圆"之兆。

这两次婚姻，为年羹尧带来了丰富的政治资源和沉重的政治包袱。所谓资源，是指年羹尧通过两次联姻，迅速融入了明珠家族的婚宦关系网。明珠有三子，长子性德有才名，次子揆叙是康熙中后期的重臣。揆叙备受康熙帝信用，长年担任翰林院掌院，他为人温厚，又精于文学，遂能广结汉人士大夫之心。此外，明珠家族子女、孙子女众多，联姻对象均属高门，涉及的重要宗室就有英亲王、康亲王、肃亲王、康熙第九子允禟四个支系。年羹尧作为明珠家的孙女婿，年纪轻轻就有机会结交满汉权贵，甚至宗室王公，这是普通汉军官宦子弟无法具备的。

所谓包袱，是指具有这样复杂姻亲背景的年羹尧，注定无法摆脱许多人事关系的影响，譬如与雍正帝死对头、皇九子允禟的这一层联系，日后就给年羹尧带来了很大麻烦。自然而然，纠缠在明珠家族势力范围之中的年羹尧，也很难得到以"孤臣"自命、最不屑"团团伙伙"的雍亲王的真正信任，哪怕他们也结成了郎舅之谊。

英雄少年时

除了高起点的家世和金光闪闪的婚姻圈外，少年高第的年羹尧无论乡试、会试，都赶上了"响榜"。何谓"响榜"呢？清代科举考试往往有这样的特点：某些年份的科举考试人才辈出，一科同年之内，名在当时或是流芳后世的大人物就有好几位，其他人就靠沾同学的光，也差不到哪里去。这就叫作"响榜"。有清一代，论仕途，最响之榜当属道光二十七年（1847）丁未科，李鸿章、张之万、沈桂芬、郭嵩焘、马新贻等人物都是那一榜的同科同年；论学术，则推乾隆十九年（1754）甲戌科，钱大昕、王鸣盛、纪昀、王昶、朱筠等大学者，均在其列。与"响榜"相对的是"哑榜"：一科同年普遍仕途不顺，谁也帮衬不上谁，自然就是"哑"了。年羹尧于康熙三十八年（1699）中举、三十九年连捷成进士，乡、会两科都是清代中前期数一数二的响榜。

康熙三十八年，二十岁的年羹尧参加在北京举行的顺天府乡试，考中举人。这一年的顺天乡试非同寻常，不寻常处有两点：一是闹出了群体性事件，二是考中的大人物特别多。我们先来说说群体性事件。

顺天乡试又称"北闱"，考场设在京城，录取名额居于全国乡试之首，但考生结构也最复杂，不但包括顺天府和直隶地区的普通生员，还有大量的八旗子弟，高级京官子弟和在国子监就读的各省监生、贡生；每一科考生总数都在七八千人以上，在省一级的乡试中有着极特殊的地位。

清朝初年，顺天乡试特别为朝廷所重视，一个表现是：其他省份的乡试主考、副主考都是由皇帝在考前临时点放，选派翰林院、六部官员前往。而顺天乡试的主考，则例用前一科殿试的状元；副主考用榜眼或探花，清贵高华远超其他各省。不过，这也带来一个问题，就是顺天乡试的主考官人选是考生们早就知道的，一旦录取出现纰漏，主考官自然而然被推上风口浪尖，遭到舞弊卖放的指控。

这年的顺天乡试一发榜，大家发现，中举的考生中高官子弟比例奇高，所谓"中堂四五家尽列前茅，部院数十人悉居高第""不阅文而专阅价，满汉之巨室欢腾；变多读而务多藏，南北之孤寒气尽"。一时舆论哗然，落榜考生集合在一起，把怨气撒向主考李蟠、副主考姜宸英，讽刺他们"老姜全无辣味，小李大有甜头"，又写了一篇极为生动犀利的"檄文"到处张贴，言之凿凿曰：

若王李以相公之势，仅供现物三千——王熙孙景曾、李天馥子某

熊蒋以致仕之儿，真献囊金满万——工部尚书熊一潇子本、左都御史蒋宏道子仁锡

史贻直、潘维震因乃父皆主考，遂交易而得售——浙江主考史夔、福建主考潘云鹏子

韩孝基、张三第以若翁现居礼部，恐磨勘而全收

年羹尧携湖抚资囊，潜通昏夜——年遐龄子馈一万

朱世衍异督学秽蓄，直达寝门——北直学院朱阜之侄

励廷仪则畏宗卿要路，兼受苞苴——宗人府丞杜讷子

收严密乃修同谱私情，不嫌乳臭——榜眼严虞惇子

总是老师分上，且期囊橐之取盈，故舍其侄而独收其婿——狄宇乃李姜二人本房老师之婿

更恐言路关头，必欲逢迎之尽致，遂因其弟而并及其兄——副宪刘谦子侄皆中

尤可丑者，宛平之门馆私人，亦不敢违其嘱托——王熙西席二人、管当子二人一齐中式

所可奇者，总督之长班贱役，致无弗尽其收罗——王朝柱父范总督长班

费士龙以居停关说，半现半赊——费为黄编修之舅

蒋廷锡馈学道遗赀，如携如取——河南学道伊子，托严虞惇馈三千

王守烈凭虞山一饯，数月前先结狐朋——王因严虞惇献三千

廖赓融恃相国专房，百名外续居狗尾——赓融父凤征为北门馆客，时出入其家

张翩许魁选而得义经之殿，嫌其少也——预报元魁，云魁定张翩，以所馈少，名次略后

姚观以同乡而兼姻娅之亲，岂为文乎——姚乃宸英妻亲

三场代笔，魏嘉谟遂占高魁——魏代熊本终场，本方十四岁

午夜夤缘，刘师恕俨居首选——督捕右堂刘国黻数日前夜至李、姜寓嘱托，其子遂中式

胡承谋之半万均系徽商

李咏年之八千专为废籍——山东革职阁学李膺鹰之子

编修岂能荫侄，知借力于家兄——陈恂弟澍馈银三千，遂中北籍

佥事诚为有儿，亦贻谋于乃祖——赵继汴济宁道景从之子，皆其祖吉士所通

赵熊诏因王以通李，数倍于王——熊诏托王守烈献李银三千

徐陈基献靳以媚姜，名先于靳——周顗杭州人，挟

赀五千托徐转交姜，二人皆中北籍

二贺父子异籍，具大神通——壬辰进士贺子宏道中南籍，孙秉彝中北籍

两黄兄弟连名，若合左券——黄宏口、宏湛兄弟各五千

魏龙巨万，洵是魁才——魏嘉谟系乙丑进士，专期子龙河家有巨万

吴李多赀，果为首选——吴琏徽商，系陈恂说合，李治亦盐商

借藏身为活计，徐用锡之阴谋——徐藏身直抚李光地幕中，知县献以关节

托假馆以夤缘，谢绪宏之狡术——谢乃洮岷道储光之弟，假馆于姜而纳贿

胡天不吊，任舆独少佳儿——为主考通线索者：张豫章、陈恂、严虞惇子侄皆中；胡任舆无子，但得居间钱耳

黄物有灵，叔璥岂真难弟——黄叔璥居间，中其弟

这篇"檄文"写得异常生动具体，内中备述新科举人的背景来路、关节嘱托、行贿数量，一一罗陈，如同现在互联网"人肉搜索"一般。不但如此，怒不可遏的落第秀才们还特邀当时的"一线网红""金牌编剧"——《桃花扇》的作

者孔尚任——以此为素材，创作昆曲剧本《通天榜传奇》在京城巡演，大肆宣扬。

不过值得一提的是，本科乡试中举的最显贵人物——国戚索额图外孙、当朝首辅伊桑阿之子伊都立，和权臣明珠之孙、纳兰性德之子富尔敦，均未被放在名单中揭发批判。可见物议沸腾虽然到了极为严重的程度，但秀才们仍不敢得罪真正的满人权贵，只是拿些大小官僚子弟撒气。年羹尧当然也在其内，黑名单中的他拿着一万两白银"潜通昏夜"，行贿金额算是首屈一指。

事情闹得沸反盈天，一直捅到御前。康熙皇帝勃然大怒，立即将两主考下狱，派大员彻查。随后又亲自出题，命皇子监场，对本科中式举人进行全员复试。复试试卷经康熙帝亲自阅看，得出的结论是中式举人文字大多流畅可观，录取名次整体比较公正。如索额图外孙伊都立中举时只有十三岁，说是背了几百篇优秀八股文得以榜上有名，康熙皇帝亲自面试，证明其背功确实过人，可以通过复试。就这样，一场轩然大波以主考李蟠充军关外、副主考姜宸英瘐死狱中而告终结。至于中式考生，则大多数都被保留了举人资格，获准参加第二年的全国会试。

官宦子弟能享受到更优质的教育资源，在乡试中成绩更为突出，其实有很大的合理成分，未必就是行贿舞弊的结果。康熙皇帝想来也是心知肚明，只是为了平息舆论，显示朝廷对于平民子弟的格外照顾，不得不摆出义正词严的姿态。在事情处理完毕后，他又进一步调整制度：要求以后的顺天乡试专门为中高级官员子弟辟出名额，不能任其中式人数无限膨胀，侵害寒门利益。此外，顺天乡试主考也改为临时点派，以避嫌疑，由前一科状元出任主考的成例不再执行。

抛开这场无疾而终的群体性事件不说，本科顺天乡试，实可谓英才云集。单按中学教科书的说法，为"我国多民族统一国家的版图奠定、民族融合、边疆开发"做出突出贡献的就有两位，一位自然是年羹尧，另一位是雍正年间西南地区改土归流活动的主持者、乾隆初年的头号重臣鄂尔泰。鄂尔泰是满洲镶蓝旗人，姓西林觉罗氏，也是一位名单中未被提及的官宦子弟，其父鄂拜官居国子监祭酒，相当于今天的北京大学校长。

除了年羹尧、鄂尔泰这两位特别突出的人物外，当年乡试举人之著名者还有蒋廷锡、史贻直、励廷仪、唐执玉、杨永斌、伊都立、刘师恕、王景曾、黄叔璥、赵熊诏等。其中，蒋廷锡、史贻直是雍正、乾隆两朝重臣，均官至大学士，蒋廷锡为首任军机大臣，励廷仪官至刑部尚书；唐执玉、杨永斌、伊都立官至总督；刘师恕官至侍郎，以上《清史稿》俱有传。此外，王景曾亦任侍郎。黄叔璥为首任巡台御史，著作颇多。赵熊诏则高中康熙四十八年（1709）状元。

一场波折之后，年羹尧在次年以举人身份会试中第，殿试发挥出色，考卷被阅卷大臣列入前十，进呈康熙皇帝。康熙皇帝或许是对上年的乡试群体性事件还心有余悸，或许是对年羹尧的父亲年遐龄有所不满。他当场对年羹尧的考卷表示不屑，反对将其列入前十，又特别下旨，命令本次殿试，凡属大臣子弟，不论成绩如何，一律置于三甲，将一、二甲的"高第"全部腾出来，安排平民子弟。

实际上，康熙皇帝对于年羹尧的才华还是很欣赏的，虽然在殿试名次上刁难了他，排名倒数，但在选拔翰林院庶吉士时，仍将他破格列入其中，为他此后的平步青云奠定基础。康熙三十九年这一科殿试也是个大响榜，除了前面提到的励廷仪、史贻直、刘师恕都连捷高中外，康雍乾时期另一位重要人物——张廷玉，也与年羹尧成为同榜同年。此外，如沈近思、魏方泰、查嗣瑮等，都是雍正、乾隆时期大名鼎鼎的人物。

与乡试、会试两科的同年们相比，年羹尧的升迁速度极快。康熙四十八年，三十岁年羹尧就升至内阁学士、礼部侍郎，成为高级官员，随后外放四川巡抚，主政一方。到康熙皇帝去世时，年羹尧已经担任川陕总督多年，并协助十四阿哥胤禵办理西北军务，是当朝最年轻、最重要的封疆大吏。

那他最优秀的两位同学鄂尔泰、张廷玉呢？鄂尔泰比年羹尧小两岁，少有才名，是大学士李光地看好的希望之星。可惜，他在康熙三十八年中举后，并没有马上考中进士。鄂尔泰之父鄂拜在清水衙门做官，收入有限，其家子弟颇多，又都读书从事举业，家庭负担很重。这种情况下，一直以读书人自居的鄂尔泰不得已凭借父荫入宫任侍卫，但心中十分不甘。于是他在宫里值宿，也不忘捧着书读，看翰林们进呈文章给皇帝批阅，也忍不住技痒，偷偷交一篇混在其中。他这样的做派，自然与同为侍卫的满洲贵胄子弟们格格不入。康熙末年，他被调到内务府慎刑司任司官，直到雍正帝即位，始终沉沦下僚。郁郁难伸的鄂尔泰曾作《咏怀》诗云："看来四十犹如此，便到百年已可知。"而他的老同学年羹尧四十岁时，已经官居总督，诸侯一方。

张廷玉比年羹尧大八岁，是大学士张英之子。他家世清贵、风度翩翩、文笔超群，还精通满文，所以一直被康熙皇帝留在身边草诏，很受信用。到雍正帝即位前，张廷玉已经升至吏部侍郎，在同年中也是进步比较快的。不过，按照通常的观念，张廷玉入仕之后，始终在皇帝身边工作，没有做过实务，更缺乏独当一面的经历，履历终究不够漂亮，后劲儿也不足。所以当时就有人建议康熙帝，将张廷玉外放一任巡抚，历练历练。没想到康熙皇帝当即反对，表示这个小张啊，真不是干实际工作的料，还是留在自己身边写写稿子吧！

至于其他的优秀同学，像蒋廷锡、励廷仪、史贻直，都和张廷玉性质类似，常年在皇帝身边担任文学侍从。而门第最高的伊都立，则因为外公索额图的倒台变得难以出头，堂堂宰相公子，也跟鄂尔泰一样，混迹在内务府郎官之中。

雍正皇帝即位以后，致力于提拔年轻干部，年羹尧的同年们政治地位飞速攀升。到年羹尧用兵青海的雍正二年，乡试、会试同年里就有张廷玉任户部尚书、励廷仪任刑部尚书、史贻直任吏部侍郎、沈近思任吏部侍郎、蒋廷锡任户部侍郎、王景曾任礼部侍郎、伊都立任兵部侍郎、唐执玉任大理寺卿、鄂尔泰任江苏布政使。他们中间年长的五十来岁，年轻的还不到四十岁，但都已是新君柱石、在朝的实权派人物，这与年羹尧的举荐是分不开的。

年羹尧是个重感情的人，也特别在意自己的文人身份和科举朋友圈形象，所以一直致力于"先富帮后富"、带领同年们走向"共同富裕"。在众多同年中，他尤其看重与自己性格更接近的鄂尔泰、史贻直二人。雍正皇帝即位之初，对朝中大小官员尚不了解，多所询问，年羹尧遂向皇帝推荐二人，特别是对鄂尔泰，可谓不遗余力反复推荐。鄂尔泰在雍正年间的崛起，与年羹尧颇有关系。不过，很多同年对年羹尧的热情似乎并不买账——他的路走得太顺，性情又过于张扬，实在令人不服气。雍正二年底，年羹尧青海凯旋，前往城外迎接的群臣望风舞拜，极尽阿谀奉承之能。人群中唯有史贻直立而不拜，倒是年羹尧翻身下马，上赶着过来招呼老同学。

至于鄂尔泰，更是始终不给年羹尧好脸色。康熙末年，鄂尔泰自己还在内务府厮混时，就郑重告诫要随年羹尧前往川陕军中的好友傅德，不要与年某人走得太近，此人行事肆无忌惮，早晚要出问题。雍正元年，鄂尔泰经年羹尧保举，从内务府郎中，被超擢为掌握全国税收第一大户的江苏布政使。鄂尔泰到苏州赴任后，从未向年羹尧表示感谢，也不派人到西北与年羹尧联系叙旧。倒是年羹尧特意派人南下问候，而鄂尔泰端坐高堂，面沉似水，以待下人之礼对待年府家人，吓得来人不敢多言。也正是如此，由年羹尧推荐而走上仕途快车道的鄂尔泰、史贻直等人，并没有因为年羹尧的倒台受到牵连，而是继续作为雍正皇帝最信任重用的大臣活跃在朝堂上。相反，倒是雍正皇帝利用年羹尧特重科举同年关系的特点，在"倒年"斗争中使用反间计。至于怎么个反间法，我们后面继续谈。

春风得意马蹄疾

中进士后的年羹尧，仕途可谓顺风顺水。在此，我们大致罗列一下他的升迁路径。康熙三十九年，二十一岁的年羹尧考中进士，当年五月，他被选为翰林院庶吉士，进入翰林院学习。三年后，即康熙四十二年（1703）四月，年羹尧顺利通过翰林院的散馆考试，"博士后出站"，成功"留馆"，任职翰林院检讨，是从七品官。实际上，那一科的散馆考试合格率很低，四十多名庶吉士中只有十人考试合格，其余或降归普通进士班中候选，或仍然在庶吉士班中延期学习，可见年羹尧在其中亦属佼佼者。两年后的康熙四十四年（1705）五月，年羹尧以翰林院检讨身份，作为钦差，担任四川乡试主考官。当时的四川由于受到明清之际战争的破坏，人口萎缩、经济凋敝、文气不振，在全国范围的科举考试中重要性不强。即便如此，年羹尧能在二十六七岁的年纪就主持一省乡试，成为众举人的"座师"，也是得意之事。回京后，他很快在翰林院内进行职务升转，先后担任了正六品的侍读与从四品的侍讲学士。康熙四十七年（1708），又以侍讲学士身份出为广东乡试正考官。一年后，升任正三品的内阁学士，并加礼部侍郎衔,可谓春风得意。

年羹尧的宦途顺遂,体现了清代翰林在仕宦上的突出优越性。清人朱克敬在《翰林仪品记》中写道:

> 国朝仕路,以科目为正,科目尤重翰林。卜相非翰林不予,大臣饰终必以翰林乃得谥"文"。他官叙资,亦必先翰林。翰林入值两书房(上书房侍王子读,南书房职拟御纂笔札),及为讲官,迁詹事府,人尤贵之。其次主考、督学。迁詹事府必由左右春坊,谓之开坊,则不外用。其考御史及清秘堂办事者,年满则授知府,翰林贱之,谓之钻狗洞。

意思是说,本朝仕途,科举中进士最是正路,中进士后又以选入翰林院最有前途。只有翰林起家,才有可能做到文官领袖——内阁大学士;也只有翰林起家,死后的谥号才能冠以"文"字(并非绝对是如此)。翰林可以入值上书房、南书房,担任主考、学政,在詹事府开坊后就越发清贵。如果起家翰林,后来改任御史,甚至外放知府,那就太糟糕了,被称为"钻狗洞"。

翰林院编制少、级别高,升转很快;直接和皇帝打交道,有被破格提拔的机会;工作清闲务虚,没有什么错误可犯。除了清贫一些、少有灰色收入外,是最好的仕途起点。

明清时期向来有"非翰林不入内阁"的说法，也就是说，如果一个读书人能够以翰林起家，就有了当到一二品高官，甚至首辅大臣的指望。除了庶吉士留馆这样的高起点外，年羹尧在入仕之初的十年内，还经历了数次超擢，即破格提拔——毕竟与他资历完全相同、政治资源还更好一些的张廷玉直到康熙五十五年（1716）才当上内阁学士，而年羹尧提前七年就达到了这个高度。只是年羹尧当时品级较低，破格原因未能见诸史书而已。总而言之，不到三十岁的年羹尧，是康熙皇帝心目中名副其实的"社稷臣"培养对象。

康熙四十八年，对年羹尧而言是个特别重要的年份。年初，他升任内阁学士、礼部侍郎。三月，康熙帝复立太子后，年羹尧又作为副使，赴属国朝鲜向其国王及臣民宣示此事。朝鲜官方史料对于明清时期敕使入朝的记载向来系统全面，年羹尧有机会出使朝鲜，也留下很多活泼有趣的生活细节记录。比如，他人还没有入境，负责接待工作的朝鲜官员就向国王飞马快报，说来的这位年副使"不食四足之肉，所食不过鹅鸭海参等物"，要马上吩咐开成府、黄海道准备食材，等等。

从朝鲜回京后，年羹尧在当年九月结束了京官生涯，出任四川巡抚。前文已经提到，由于战争原因，四川在康熙年间是个百废待兴之地，很适合年轻有才志者大展拳脚，干出一番事业。在清代，巡抚的主要职责是处理一省民政，

春风得意马蹄疾 / 29

但年羹尧这个新巡抚一到四川，就产生了锻炼军事才能的追求。一方面，四川地接汉藏，多民族杂居，既是清军控御青海和硕特蒙古、西藏达赖喇嘛两大势力的桥头堡，又时常要对付省内和邻省各部落土司的小规模武装侵扰，对敌斗争形势严峻。另一方面，明清之际，四川战乱频仍，人口损失极其严重。康熙年间，清政府在四川出台税收优惠政策，大量招徕外来移民开垦荒芜土地。所谓"湖广填四川"，描述的就是这一时期的大规模移民活动。前来四川开荒的移民，大多是较贫困的青壮年单身男子，是以省内性别比例严重失衡，一时土匪横行。为了缓解社会治安压力，清廷一度将从贵州买卖少数民族妇女到四川的活动合法化，其严重程度可见一斑。

康熙中期，对四川军事活动负有最高责任的是川陕总督，其官署所在地是陕西西安，而非四川境内，特别是距离经常出问题的四川西部较远，交通又十分不便。除川陕总督外，驻扎成都的四川提督负责统领本省绿营兵，是重要武官。但年羹尧上任之初，川省身经百战、功勋卓著的老提督岳升龙就双目失明，并且因为经济问题戴罪在家，继任的提督才德不及，难以胜任川省军务。

在这种情况下，年轻气盛的年羹尧上任巡抚伊始，就跃跃欲试，并上书与康熙皇帝讨论四川的山川形势、民族问题以及兵备事务，甚至直接插手军事活动。如康熙五十五年，位于今天凉山地区的四川建昌镇"番蛮"在交通要道上抢掠客商,甚至伤及官兵。年羹尧以主管当地军务的建昌镇总兵年老、"营务废弛,平时既不能弹压,临事又漫无成算"为由,亲自带兵进入深山密林之中,清剿镇压。年羹尧这类越级揽权的举动,使他与顶头上司、川陕总督殷泰的关系搞得很僵,要不是康熙皇帝始终对他偏爱维护,恐怕早就官帽不保了。

到康熙五十六年(1717),清王朝的战略形势发生很大变化,这一变化给年羹尧带来由文转武的发展契机。那一年,清廷的老对手蒙古准噶尔部首领策妄阿拉布坦派遣大将策零敦多布率军入侵西藏,攻占拉萨,杀死西藏的世俗统治者拉藏汗,试图控制达赖喇嘛,进而影响整个蒙藏地区,这一举动触犯了康熙皇帝的底线。次年春天,清廷以西安将军额伦特为主将,出动满汉兵七千余人,欲与准部一战,夺回西藏的控制权。然而由于指挥权不统一、后方粮饷接济不利,以及自然环境过于恶劣等原因,清军在乌苏河与准部对峙月余后,陷入弹尽粮绝、伤病无数的困境,最终突围未果,几乎全军覆没,主将额伦特也战死沙场。康熙帝惊闻败讯,不顾群臣反对,立意调集重兵,再次发动入藏战争,与准部决一雌雄。

康熙五十七年(1718)秋天,康熙皇帝任命皇十四子胤禵为抚远大将军,调兵遣将,挥师西进,一场大规模战争爆发在即。鉴于四川提督康泰此前出师不利,身为巡抚的年羹尧向康熙皇帝请缨,带领本省绿营兵赴由川入藏的前沿重镇松潘料理军务，又主动向藏区派出谍报人员，打探蒙藏地区各方消息。更重要的是，他积极肩负起在四川全省筹备粮饷的重任，全力支援大军。康熙五十九年（1720）初，清军由青海、川滇两路向西藏进军，一路报捷。同年底，清除西藏的准部势力，成功护送六世达赖至拉萨完成坐床仪式。在这一过程中，康熙帝对年羹尧的表现极为满意，信任程度与日俱增。

趁着这个机会，年羹尧上书康熙，说："窃惟川省营伍之弊，久在圣明洞见……无如积习难移。督臣远在西安，鞭长莫及，臣与各镇原无节制之责，而将、备各官惟视提镇之意指以为从违，必欲悉除痼疾，将镇、协各营整顿一新，非假臣以虚衔不能也。伏乞圣主暂加臣以总督虚衔，并求赐以孔雀翎子，令臣节制各镇，一年以后，营伍必当改观。俟兵马事竣，臣即奏缴虚衔，不敢久于忝窃。"

大概意思是说：四川绿营如今腐败透顶，皇上您是很了解的，然而总督远在西安，难以管理，臣作为巡抚，与绿营各部没有统辖关系，我一肚子的整顿之策，却没有机会施展。皇上您要是想让川省军务焕然一新，就请赐给我总督头衔，以及象征军功荣誉的孔雀翎，让我来主持四川军务。当然了，我问您要这个虚衔是很过分的请求，等仗打完了，您再把这个头衔收回去，我也不敢贪恋名位。

面对年羹尧这样明目张胆地跑官要官，康熙皇帝立刻拍板，晋升年羹尧为四川总督，主持四川全省兵民二政。

当然，康熙六十年（1721）入藏战争胜利后，康熙不但没将年羹尧四川总督的任命收回，还令年仅四十二岁的他兼辖川、陕两省，成为川陕总督，并担任大将军胤禵的后勤部长和重要军事助手。

除了军事活动外，在西南以及后来的西北经营十余年的年羹尧，对当地吏治民生也多有作为。如抚川之初，即上奏《川省应行事宜七条折》，提出有司宜劝惩、积贮宜预备、钱法宜流通、复设铺司以便递送公文、复设州县以期有济民生、改卫所为州县以化边徼风俗、银矿开采宜奏明等改革意见。康熙六十年，年羹尧又向康熙皇帝提出"耗羡归公"的建议，即在事实上认定州县官正税之外加派给百姓的"火耗"为合法，但限定其比例，以免基层官员横征暴敛，无限度坑害百姓，再将这笔收入上解省城，充作公用，弥补战争造成的府库亏空。年羹尧的这一建议，没有被老年康熙帝接受，却与雍正帝即位以后的做法不谋而合。

总而言之，到康熙末年，年羹尧已经成为朝中最年轻、最重要、最受皇帝信任的封疆大吏。这更多是他凭借个人出众的政治、军事能力取得的成就，而与他和雍亲王胤禛的主属、郎舅关系无关。换言之，雍正帝即位之后，年羹尧年纪虽轻，但其身份更倾向于先帝老臣，而非新朝新贵。更何况，除了雍亲王外，年羹尧靠着岳祖明珠这条线，还与多位皇子有所交往，这委实不能不让本来孤立的胤禛带醋含酸。

郎舅之间

前面我们说到，康熙四十八年这一年，在年羹尧的一生中至为关键。这一年他先荣升侍郎，又出使朝鲜，再外任封疆，很有些"一日九迁、步步高升"的意思。也是在这一年，他的命运开始和雍亲王胤禛，即日后的雍正皇帝搭上关系。当年，康熙帝第二次大封皇子，原本只是贝勒的四阿哥胤禛被晋封为雍亲王。爵位提高了，相应的待遇、配置也要提高。于是，隶属汉军镶白旗的年羹尧一家随着所在的旗分佐领，被划拨到雍亲王属下，与雍亲王形成主属关系。

这里还要简单介绍一下八旗制度，便于读者理解。八旗主体部分按满洲、蒙古、汉军三种名色分编，称为"旗分佐领"（佐领是八旗的最基层单位）。到顺治年间，八旗中的镶黄、正黄、正白三旗归于皇帝亲自统领，而年羹尧一家所在的镶白旗是"下五旗"之一，隶属多个宗室王公管辖。镶白旗中势力最大的王公，是清太宗皇太极的长子肃亲王豪格一系。年羹尧所在的佐领原本隶属肃亲王府的庶支——贝勒延寿，而延寿本人正是大学士明珠的女婿，也就是年羹尧原配夫人的亲姑父。换言之，康熙四十八年以前，年羹尧的重要关系网，都集中在明珠家族一边。而在康熙后期的夺嫡斗争中，明珠家族的社交圈又与八阿哥胤禩一系重合度较高。

按照当时的制度，皇子一旦封有爵位、离开皇宫独居，其本人的户籍就要被编入下五旗中的一旗，称为"皇子分府"。分府后的皇子根据各自所封爵位的高低，和其他王公一样，也在本旗内占有一定数量的佐领，这些佐领内的人口，就成了皇子的属人。那么，皇子分府后占据的佐领从哪里来呢？主要是切割本旗原有王公的佐领而来。这也是清初统治者为加强皇权、削弱"铁帽子王"实力的重要举措。康熙四十八年，年羹尧家所在的佐领，和镶白旗的若干佐领一起，通过这种形式被从贝勒延寿名下划到了新晋封的雍亲王名下。这是个偶然事件，应非康熙皇帝特意安排。

需要特别指出的是，八旗除"旗分佐领"外，又将隶属皇帝与宗室王公的私属家奴编为包衣籍，由包衣佐领、管领统辖。包衣籍也按旗色一分为八，但并无满洲、蒙古、汉军的区分。顺治帝一统上三旗后，私属皇帝的上三旗包衣由内务府管领，称"内三旗"；下五旗包衣分隶各王公府邸，称某王公"府属佐领"。年羹尧家族所在的是镶白旗汉军旗分佐领，俗称"外八旗人"，他与占有自己佐领的宗室王公——不论康熙四十八年以前的延寿贝勒，还是康熙四十八年以后的雍亲王，是"主属"关系，而非"主奴"关系。这种王公和属人之间的关系在八旗制度建立之初，是非常紧密而带有强制性的，但随着清朝皇帝对宗室势力的不断打击削夺，这种关系逐渐弱化。到康熙中后期，情况大致可以描述为：属人对本管王公具有一定义务，如政治上的亲近，经济上的帮衬，日常交往中、称呼上要体现尊卑关系等等。但属人在法律上具有独立身份，王公不能对其在政治、经济、人身自由上予取予夺。这是康熙年间"外八旗人"与包衣旗人在和本管王公关系上的主要区别。雍正皇帝即位以后，对宗室王公势力的打击力度空前提高，几乎彻底割断了宗室王公与外八旗属人之间的关系，属人对于本管王公的绝大多数义务都被强行取消了。不过，按照此前惯例，宗室王公纳娶侧室福晋，选择范围一般限于自己所管佐领之内。年羹尧的小妹成为雍亲王侧妃，很大程度上也基于这次佐领拨换。

于是，我们可以看到，年羹尧和雍亲王的主属、郎舅关系，并非自愿结合，而是被制度、被形势拉到一起的，不存在个人感情基础。另外，年羹尧从康熙四十八年起，一直在四川、陕西外任，中间只回京述职了一次，二人见面的次数也非常有限。当然，读者可以反问，那雍亲王分府后的其他属人，也都是如此，为什么这些人能对胤禛产生绝对的依附关系？

譬如胤禛有一位属人名叫戴铎，任职福建漳泉道，就常常写信撺掇胤禛夺嫡争储，建议他向八弟胤禩学习，拉拢朝士、博取贤名，甚至对康熙帝身边的太监、宫女也要尽量交好，千万不能得罪。胤禛对此很不耐烦，但架不住戴铎一封一封地给他写信，主意出得细致入微，俨然以"小诸葛"自诩。其中一封信里提到，康熙帝如今很信任已经退休的大学士李光地，常和他通信说些心里话，于是十四阿哥特别优待李光地的学生陈万策，"待以高座，呼以先生"，建议胤禛也对李门弟子多加致意。胤禛对此大不以为然，批曰："陈万策之傍，我辈岂有把臭屁当香闻之理？！"

然而，年羹尧的情况和以戴铎为代表的雍亲王府其他属人大不相同。在被和雍亲王扯上关系以前，他已经是朝廷大臣、政治新星，是复杂高层婚宦圈中的一员。他现阶段的前途命运，只能由康熙皇帝掌握，雍亲王无从置喙，甚至连个建议权都谈不上。在诸皇子混战夺嫡的政治背景下，雍亲王府的其他属人，唯有紧抱雍亲王大腿这一条出路，方可希图个从龙有功、高官厚禄。而年羹尧则超脱得多，他最好的选择是不站队，就凭自己的过人才干和康熙皇帝的赏识，无论哪家皇子成了新君，也不能亏待他这个国家栋梁。

年羹尧是粗线条的人，处事恢宏而欠谨慎，既然不需要沾雍亲王的好处，日常相待自然也缺了主属之间该有的恭敬，以及与其他皇子之间该有的距离。然而胤禛是何等敏锐英察、洞悉人情之人，心里早摊开一个账本，一笔一笔，分文不落，就等着时机一到，跟这位目空一切的大舅哥算个阶段性总账。

到康熙五十六年，年羹尧触了不小的霉头。这一年二月，有个叫孟光祖的骗子，冒充皇三子诚亲王胤祉差遣，在全国各地招摇撞骗，其中就骗到了四川巡抚年羹尧头上。在太子被废、皇长子胤禔被拘禁的情况下，胤祉是康熙帝实际的长子，又很受乃父喜爱，地位自然与众不同。于是年羹尧随手赠给孟光祖马匹银两，似有结好胤祉之意。孟光祖离开四川后，又连骗数省，在骗到直隶巡抚赵弘燮头上时，被赵弘燮举报案发。事后，孟光祖被处斩，年羹尧等上当送礼的督抚也被受到革职留任处分。

听到这个消息，想想年羹尧不但一直跟"胤禩系"勾勾搭搭，如今还要交好胤祉，胤禛当然怒不可遏。不过，以"戒急用忍"为座右铭的他仍然隐忍不发，没有采取行动。直到康熙五十八年，对储位最有竞争力的十四阿哥胤禵在年羹尧等人的辅佐下连战连捷、名望日盛之际，胤禛才下定决心，必须要敲打一下这位风光无限的年总督，免得年羹尧真的不顾主属之份、郎舅之亲，倒向自己的对手。

于是胤禛给年羹尧写了一封长信，即是后来刊登在故宫《文献丛编》第一辑的著名史料《和硕雍亲王谕年羹尧》。全文口气极其强硬，酣畅淋漓，颇有胤禛一贯的诛心风范。其文曰：

> 知汝以儇佻恶少，屡逢侥悻。君臣大义，素所面

墙。国朝祖宗制度，各王门旗属主仆称呼，永垂久远，俱有深意。尔狂昧无知，具启称职，出自何典？屡谕尔父，尔犹抗违不悛，不从腹诽，而竟公然饰词诡拒，无父无君，莫此为甚！

况妃母千秋大庆，阿哥完婚之喜，而汝从无一字前来称贺，六七个月无一请安启字，视本门之主已成陌路人矣。且汝所称，捐资助饷家无余财，更属无谓之甚。况我从未问及汝家囊橐，何得以鄙亵之心测我，肆而进其矫产之词？

况汝在蜀骄横不法，狂悖无忌，皇上将来不无洞鉴，而尚敢谓今日之不负皇上，即异日之不负我者，是何言欤？以无法无天之谈而诱余以不安分之举也，岂封疆大吏之所当言者？异日二字足可以诛夷尧全家！且汝与孟光祖馈遗授受，不但众所共知，而且出自于汝家人之亲口以告我者，尚敢朦胧皇上，得以漏网？即此一事，即汝现在所以负皇上，而将来之所以必负我者也！至于我之培植下人，即其家人父子亦无不委曲作养成全，在汝固已无人心，谅必非无耳无目者。于此不思所以报称，而反公然跋扈，尔所蓄何心，诚何所挟持而竟敢于如此耶？！即此无状，是即汝之现在所以负我，即异日必负皇上者也！

况在朝廷称君臣，在本门称主仆，故自亲王、郡王、贝勒、贝子以至公等莫不皆称主子、奴才，此通行常例也。且汝父称奴才，汝兄称奴才，汝父岂非封疆大臣乎？而汝独不然者，是汝非汝兄之弟，亦非汝父子矣！又何必称我为主！既称为主，又何不可自称奴才耶？汝父兄所为不是，汝当劝约而同之，则犹可也。不遵父训、抗拒本主，无父无君，万分可恶。若汝或另有所见，或别有委曲，汝不妨具折启奏，申明汝之大典，我亦将汝不肯称奴才之故，以至妃母大庆、阿哥喜事，并于我处终年无一字请安，以及孟光祖之事与汝所具"异日"之启，好好存留在此，一一奏明，谅皇上自有定夺也。

再，汝父年老，汝子自当代汝奉养。汝毫不为意，七八个留任所，岂人心之能恶也。只待汝子娶亲方令来京，信乎？求忠臣于孝子也，而又使及。于我所具启，苟简无礼，言词皆谬，皆汝之不肖下属，无可奈何之所以应塞汝者，而即施之于我，是岂主子奴才之礼乎？凡此皆汝之不学无术，只知逞一时刚愎之私而自贻乃父之戚耳。自今以后凡汝子十岁以上者，俱着令来京侍奉汝父，即汝昔年临行时向我讨去读书之弟侄，亦必着令作速来京，毋留在外，法成汝无父无君之行也。

观汝今日藐视本门主子之意，他日为谋反叛逆之举，皆不可定。汝父见汝此启，当余之面痛哭气恨倒地，言汝风狂乱为。汝如此所为而犹敢以伪孝欺人，腆言父子天性，何其丧心病狂一至于此？况汝父在京，我之待他恩典甚重，谅汝无父之人亦未必深悉其委曲也。然圣主以孝治天下，而于我惜老之衷心有所不忍，故不惜如此申斥，警汝愚蒙。汝诚能于此爽然自失，真实悔悟，则诚汝之福也！其犹执迷不悛，则真所谓噬脐莫及者矣！汝其图之！

书信一上来就劈头盖脸道："知汝以儇佻恶少，屡逢侥悻。君臣大义，素所面墙。"意思是说：我可太了解你了！你就是个轻薄浮浪的公子哥儿，屡屡侥幸，居然混到今天总督的高位。像你这样的人，自然从来不把君臣大义放在心上。然后罗列年羹尧的几大罪状。一是给自己写信，落款只称职衔，不称奴才，且屡教不改。然而雍正帝即位以后，坚决执行"化主为君、化家为国"的方针政策，不但对旗分佐领与本管王公主奴相称的情况予以坚决打击，且不许旗下大臣在给皇帝的奏折中以"奴才"自称。在什么位置说什么话，可见一斑。二是自己的母亲德妃六十大寿、自己的长子弘时新婚之喜，年羹尧不但没有送礼物，连个道贺信札也没有，毫无主属之谊，简直形同陌路。三是馈赠孟光祖之事。四是年羹尧过去写给自己的信中，有"今日之不负皇上，即异日之不负王爷"一句，这是无法无天，

"诱余以不安分之举"。

随后，胤禛义正词严地表示：像你现在这种表现，明摆了就是"负我"，可想而知，你日后也必然要负皇上。我现在把你这些罪状都一一留存起来，向皇上奏明，想必皇上自有定夺。当然，只说这些发泄怨气的话，对年羹尧这样的封疆大吏是没有作用的。信写到最后，胤禛提出一个实质性要求，他命令年羹尧将随任的十岁以上儿子、弟侄全部送回北京，以侍奉其父年遐龄为由，实际上或有充作人质之意。这是对年羹尧强烈的告诫与挟制。胤禛的这封信寄到四川，也不知年羹尧看后作何感想。当然，他最终算是听从了胤禛的指示，将成年子侄都送回北京，交给父亲年遐龄教养。郎舅之间一度紧绷的关系得到一定程度的缓和。

关键时刻的关键人物

康熙六十年，青藏地区的军事形势基本稳定，然而诸皇子夺嫡斗争却将到图穷匕见阶段。康熙中后期，爆发了一场激烈的储位之争。近年来，通过文学、影视作品的多角度演绎，这场被小说家总结为"九王夺嫡"的宫廷斗争故事广为流传，几乎人尽皆知。这场储位斗争按照时间顺序，大致可分为两个阶段。第一阶段的核心事件是两废太子，在这一过程中，以皇八子胤禩为首的反太子集团迅速膨胀，几乎囊括了在朝各个利益集团的核心人物。不过，这个集团中，性格柔仁、母族寒微的胤禩并没有树立绝对的权威。二废太子后，在康熙皇帝"自此朕与胤禩，父子之恩绝矣"的强烈打击下，胤禩失去储位竞争力，胤禩集团成员也开始寻找新的代言人。与此同时，皇三子胤祉、皇四子胤禛等在第一阶段储位斗争中表现稳健的皇子更多地博得康熙帝好感，储位斗争进入多头混战状态。

其中，年轻的皇十四子胤祯后来者居上，成为康熙末年首屈一指的明星人物。胤祯原本是胤禩集团的主要成员，对八哥胤禩很忠诚，甘愿给他保驾护航。康熙四十七年一废太子后，康熙帝怒责胤禩妄蓄异志，谋夺储位。胤禵挺身而出，顶撞老父说："八阿哥无此心，臣等欲保之。"气得皇帝拔剑而出，差点将他当场手刃。不过，康熙帝生气归生气，却没有真对这个儿子产生反感，反倒认为他诚朴忠义，更加看重。随着胤禩一党不断遭到打压，胤禵本人倒是圣眷日隆，胤禩集团中的许多成员，包括胤禩本人在内的几位皇子，也都逐渐转向支持胤禵争储。清廷与准部在青藏地区战争打响后，胤禵以贝子身份被任命为抚远大将军，率军西进。康熙下诏令蒙藏各部落配合作战，诏书中写道："大将军王是我皇子，确系良将，带领大军。朕深知其有带兵才能，故令掌生杀重任。尔等或军务，或巨细事项，均应谨遵大将军王指示。"至此，很多人都认为，只要胤禵一战成功，皇位非他莫属。是以那些得志或不得志的王公亲贵、八旗大臣、闲杂人等，纷纷将子弟送到胤禵跟前做事，图个军功荣身、从龙在前。

与风光无限的十四阿哥相比，他的同母兄长，也就是年羹尧的本主、雍亲王胤禛则显得沉静不少。青少年时期的胤禛并不算康熙帝十分喜欢的皇子，康熙三十七年（1698）第一次大封诸子时，二十一岁的胤禛被封为贝勒，而仅比他大一岁的三哥胤祉却压他一头，被封为郡王。此次册封前，曾有人建议康熙帝向明朝学习，将成年皇子都封为王，被康熙帝明确表示拒绝，并阐述理由说：我朝太祖太宗的时候，皇子封王与否，是视其贤与不贤，像代善、多尔衮这样有能力有贡献的人才能封王，差一些的只能封贝勒、贝子，更差的干脆不封。朕现在给皇子封爵，也不能存有父子私爱，要向祖宗学习，视他们的才德来定等级。可见在这一时期，胤禛在康熙帝心目中是不大排得上号的，在兄弟中处于边缘位置，自然也谈不上有什么谋取储位的野心。

不过，在波谲云诡的一废太子前后，胤禛表现出高超的政治眼光和政治手腕，不但着意与原本关系较密切的胤禩集团划清界限，甚至揣摩康熙帝的心思，为私交很坏的太子说话，这使他在皇帝心目中的好感度大幅度提升。康熙四十八年第二次大封诸子时，胤禛一雪前耻，受封雍亲王，直到康熙去世，都是诸皇子中仅有的三位亲王之一。二废太子之后，他更是将动心忍性的功夫修炼到十分火候，在朝中表现非常低调，很少和外人往来，只是暗地里笼络类似九门提督隆科多这样的实权派人物。

总而言之，到康熙六十年前后，按照当时朝中的主流看法，保护达赖喇嘛成功入藏的大将军王胤禵，挟战胜之余威、群臣之拥戴，十成中有七八成是康熙帝心目中的继任者；而在京的雍亲王胤禛，因为年纪居长、爵位最高，也不是全然没有机会。

在这样的政治格局中，受到康熙皇帝高度信任，既是雍亲王门下，又同时担任胤禵大军后勤总调度的年羹尧，就显得格外引人关注。除了胤禛利用郎舅、主属关系对他连哄带吓唬，试图将他牢牢抓在手中外，顶头上司胤祯及胤禩集团中的核心人物、皇九子胤禟也与他不乏交往。如康熙五十八年六月，年羹尧遣人送给胤祯银一千两、稻米四石。康熙五十九年七月，胤祯赏年羹尧蟒袍一件。当年，胤禟委派与年羹尧之兄年希尧熟识的西洋传教士穆景远到军前去见年羹尧，托其照管胤禟在川陕的亲信。穆景远向年羹尧称颂胤禟"相貌大有福气，将来必定做皇太子"，又询问年羹尧喜欢什么西洋玩意儿，年羹尧答曰："我别的东西都不要，只爱小荷包。"胤禟也是大方，一口气送了三四十个西洋款荷包给年羹尧，俱为其所笑纳。

康熙六十年五月，离京外任已经十二年的年羹尧第一次北上述职，以川陕总督之重，先到热河行宫觐见康熙皇帝。他这次在热河总共停留了二十六天，同康熙帝进行了多次交流，涉及军务、川陕地方事务、河道漕运等等，其中又不能不谈及与顶头上司、大将军王胤祯有关的内容。对于在热河的这段经历，年羹尧后来在奏折中回忆说："上年五月热河陛见，极世人之遭逢，非梦想所能到。六月初二日陛辞请训，自辰至午，推心置腹，无可比伦。又见臣彷徨踟蹰，口不能言，心有欲吐，谕曰：朕再无疑尔之处，尔亦不必怀疑。"可见二人的谈话内容已经非常深入，所谓"朕再无疑尔之处，尔亦不必怀疑"，不知是否就年羹尧夹在本主胤祯、顶头上司胤禛之间的两难处境而言。

康熙六十年十一月，胤禵回京奏捷，并请示战后方略，康熙帝派皇三子诚亲王胤祉、皇四子雍亲王胤禛率大臣郊迎。然而令人不解的是，已经年高多病的老皇帝，竟然在半年之后将胤禵重新派回西北军前——此时距他离世只有几个月光景。雍正帝事后解读，说乃父在年事已高、体弱多病的情况下，将胤禵再次派往西北，是故意将其遣出，给自己腾地方。如果存心想立胤禵，怎么会不让他留在身边、顺理成章地继承大位呢？但站在胤禵的立场上，也可以解释说，康熙帝对自己的身体状况估计不足，甚至最后并非自然死亡，此时将胤禵派回西北，是想让他稳妥善后，成一扫荡准部之全功，在朝中树立更高的威望。另外，胤禵在康熙六十一年（1722）重返前线，未必不是他自己争取的结果。当时，支持胤禵争位的九阿哥胤禟就替乃弟表达了这样的意图，说："皇父明是不让十四阿哥成功，恐怕成功之后，难于安顿他。"意味着他们把重返西北看作进一步巩固威望、谋取储位的好机会，根本没想到老皇帝会挨不到胤禵功成善后回师的那一天。事实上，无论将这一举动做何解释，年羹尧所处的位置，对未来皇位走向的影响都可以想见。康熙六十一年十一月十三日，康熙皇帝驾崩，皇四子胤禛在京西畅春园即位。因为当日种种事体，多有暧昧不清之处，所以雍正帝即位的合法性也一直为人所诟病。登上大宝第二天，胤禛即下旨：

西路军务，大将军职任重大，十四阿哥允禵（雍正帝即位后，以避新君名讳为由，将十四阿哥胤禎改名允禵）势难暂离，但遇皇考大事，伊若不来，恐于心不安。著速行文大将军王，令与弘曙二人驰驿来京。军前事务甚属紧要，公延信著驰驿速赴甘州，管理大将军印务，并行文总督年羹尧，于西路军务粮饷及地方诸事，俱同延信管理。年羹尧或驻肃州，或至甘州办理军务，或至西安办理总督事务，令其酌量奏闻。

身在甘肃的十四阿哥，虽然名义上是三军主帅、执掌重兵，然而他统领的军队成分非常复杂，包括西南、西北地区的八旗、绿营军队，以及蒙古、西藏、云南各地的部落兵。不同来源的军队各有本部将领统辖，如八旗军有西安将军，绿营兵有川陕的总督、提督，各部落兵有本部落的王公、土司。这些将领与大将军只有临时的上下级关系，对外作战时可以听他统一调遣，然而一旦因为皇位之事，需要调转炮口，进军北京，将领们又有几个人能自取"造反"之名，同他一起行事？至于跟随十四阿哥从北京来到西北的八旗官兵，可以算他的嫡系，但数量不过几千人，家属又都留在北京，北京大局一定，也毫无回手之力。特别是西北大军的军需供给，主要由川陕总督年羹尧负责筹措，这更是卡住了胤禎的命门。所以胤禛登基以后，不过这一旨诏书，就将同胞母弟孤身召回北京。胤禵千恨万恨,也只能"摔牌骂骰子",徒自发泄而已。

至于年羹尧,作为两省的最高军政长官,久在西边的他显然要比带着几千八旗兵"从天而降"的胤禵更具影响力。特别是在帝位交替的关键时刻,胤禛对年羹尧充分信任,赋予他"或驻肃州,或至甘州办理军务,或至西安办理总督事务"的"便宜行事"之权。而年羹尧也终于不负新君所望,稳住了自己的顶头上司,确保抚远大将军印顺利交接、胤禵只身回京。

虽然紧要关头终究团结一致,但通过以上讲述,想必读者也能够看出,胤禛与年羹尧这对郎舅之间的感情基础并不牢靠,有许多隐性矛盾在突发情况和共同利益面前被掩盖下去。此外,二人的经历、性格也很不协调:一个是半生沉潜、一飞冲天,所以心细如发、城府深沉;一个是少年得志、顺风顺水,所以敢作敢为、狂妄不羁。带着这样的性格和相处模式进入雍正时代,身份变了,心态也变了,两人之间又将发生怎样的碰撞呢?

报君黄金台上意

前文说到，胤禛与年羹尧有主属之义、郎舅之亲，本应是毋庸置疑的"自己人"，但实际上，二人的关系从建立之初就阴影重重，只是在胤禛即位的一瞬间，达成了天衣无缝的默契，并对朝局稳定起到至关重要的作用。可以想见，对于年羹尧关键时刻的忠诚和干练，即位之初的胤禛还是产生了一种发自内心的感激。那段时间的胤禛高度紧张又十分孤立，对年羹尧，他唯有完全信任这一种选择。毕竟，对胤禛这样一个以"孤臣"自诩的藩王来说，在朝的当事公卿，能让他叫得出名字、说得上履历的都不多，还有些亲故情分、能大致了解的，更是屈指可数。

因此，在进入雍正朝的最初几个月，年羹尧的地位飞速提升，先后以佐理军务有功等原因，在雍正元年二月，加二等阿达哈哈番世职（此为满文，汉名为"轻车都尉"，是世爵世职中的第六等，用于封授有功的异姓大臣，子孙可袭封三次）；一个月以后，又加太保衔；没过几天再封三等公。短时间内，从官僚阶级上升为贵族阶级，而且是"爵列上公"的大贵族，身份发生质的变化。

清代异姓功臣世爵世职表

顺治四年名	乾隆元年名	汉文直译	品级	分类
公（三等）	公（三等）	公	超品	世爵
侯（三等）	侯（三等）	侯	超品	世爵
伯（三等）	伯（三等）	伯	超品	世爵
精奇尼哈番（三等）	子（三等）	正官	一品	世爵
阿思哈尼哈番（三等）	男（三等）	侧官	二品	世爵
阿达哈哈番（三等）	轻车都尉（三等）	侍官	三品	世职
拜他喇布勒哈番	骑都尉	办事官	四品	世职
拖沙喇哈番	云骑尉	护理官	五品	世职
	恩骑尉	恩官	七品	世职

除年羹尧本人外，年氏一家在雍正初年都得到特殊待遇。雍正帝即位当月，就起用赋闲多年的年羹尧长兄年希尧署理广东巡抚，这可是个一等一的大肥缺。在清代，素有"仕途通，放广东"的民谣，广东巡抚常兼任粤海关监督，灰色收入在全国所有巡抚中排位第一。雍正元年正月，雍正帝将皇家的钱袋子——苏州织造兼苏州浒墅关监督李煦革职，把这个差事交给了年羹尧的妹夫胡凤翚，而在此之前，胡凤翚只是个被革了职的七品知县。二月，雍正帝以皇太后

的名义大封后妃，除了册立原来的雍亲王嫡妃那拉氏为皇后外，又册封年羹尧的小妹年氏为贵妃，至于雍王府其他生育了子女的侧妃、侍妾，则封为妃或嫔，与年氏拉开差距。连年过八旬、已经退休近二十年的年羹尧之父年遐龄也没被浩荡皇恩落下，在元年二月获加尚书虚衔。年氏一家原本旗下寒门，靠三代人的科举之路逐步成为高级官僚，又因为年羹尧的卓越才干，获得康熙皇帝的青眼，开始与满洲贵族甚至皇室联姻。而到了雍正初年，为了将年羹尧从先帝旧臣转化为新朝新贵，雍正帝下足了本钱，终于让年氏家族在几个月内烈火烹油、鲜花着锦，变成当时的一等豪门。

除了酬答年羹尧在自己即位时的功劳，使之成为真正的心腹股肱外，还有一个更现实的问题摆在雍正帝面前，让他必须迅速提升年羹尧的地位。那就是，在康熙皇帝去世、十四阿哥回京奔丧之际，青海的蒙古和硕特部首领罗卜藏丹津蠢蠢欲动，有发动武装叛乱，强行割据青海、控制西藏之意。

蒙古和硕特部在明朝末年迁居青藏地区，其最高首领叫作"顾实汗"（固始汗）。康熙年间，青海的和硕特部归附清廷，并在清廷对准噶尔部的战争中充当友军。所以康熙皇帝一直对他们采取安抚笼络策略，崇封顾实汗的嫡系子孙为亲王，其余部族首领也各有爵位，甚至还将一位地位很高的宗室郡主远嫁给和硕特部的阿拉善郡王。

康熙末年胤禛率领清军入藏后，为抑制蒙古人在藏区的势力，清廷不再恢复顾实汗子孙在西藏的主宰地位，而改以藏人治藏，这引起了青海和硕特部，特别是其当时的最高领袖、亲王罗卜藏丹津的不满。另外，这次战争过后，清廷以和硕特部引导清军入藏有功为名，加封罗卜藏丹津的侄子、亲清派的贵族察罕丹津为亲王，与罗卜藏丹津平起平坐，大有分而治之的意思。这让原本独霸青海的罗卜藏丹津更为恼怒，产生了联合准噶尔部、反叛割据的念头。

对于罗卜藏丹津的这一动向，经营蒙藏地区多年的年羹尧早有察觉，并随时向北京递送消息。因此，对于青藏地区近期仍然难免一战的局面，雍正帝是有心理准备的。而一旦开战，他当然不能将争储落败的十四弟放虎归山，再派回西北领兵。

那么，由谁来主持西北局面，才能确保自己即位之后首战告捷呢？想来想去，恐怕还是年羹尧最为可靠。本来，当时有两个人可以作为继任大将军的后备人选，年羹尧只能排在第二位，排在第一位的是西安将军、贝子延信。延信是肃亲王豪格一系的宗室子弟，可巧，其兄延寿，正是年羹尧的前任门主。延信是康熙末年的一员骁将，康熙五十八年，他作为北路军主将，率军从青海入藏。北路军不但行军路线上的自然环境极为恶劣，且遇到准噶尔部主力军的激烈抵抗，历经百般艰辛，终于进入拉萨，与从云南、四川入藏的岳钟琪等部会师。为此，康熙皇帝盛赞延信"经自古未辟之道，烟瘴恶溪，人迹罕见，身临绝域，歼夷丑类，勇略可嘉"，封为辅国公；雍正即位以后，又晋封贝子。相对于延信的亲蹈险境、身先士卒，年羹尧在入藏战争中，更多时间是处在二线位置，负责调动军需、辅佐主帅胤禵。所以论及战功，延信当在年羹尧之上。

另外，清朝初年，凡重要战争，一向有以皇子、宗室王公领兵的传统，就算宗室中没有大将之才，也多由宗室挂名主帅，起监督作用。雍正将胤禵召回北京奔丧的同时，也遵循了这个传统，将抚远大将军印交给身为宗室的延信护理，而以年羹尧协理。所以，一旦青海有变，无论从身份还是经验、能力角度考虑，延信均堪胜任。相反，让年羹尧这个文官出身的汉军旗人做些辅助工作、搞搞军需后勤，还算可行，真让他领大将军印、独立统率八旗劲旅和蒙藏各部，这是宗室贵胄、满蒙大臣们很难放心的。

对于这一点，雍正帝心里很是明白，但是这个大将军的位置，他并不愿意交给延信。他后来解释说是由于"延信办理一二事不当，且延信为人敦厚迟钝，心意难周，恐误事机，故令年羹尧掌大将军印"。事实上，更重要的原因，是延信与胤禩、胤禵等人的关系亲近，与胤禛本人则无甚交情。其实不仅是延信，整个宗室集团，都是如此。那么与延信相比，年羹尧总是雍邸旧人、贵妃之兄，毕竟更可信任一些。于是乎雍正帝极力提高年羹尧及其家族的地位，形成一种就算他不是宗室、也不是正牌外戚（皇后的亲族才能算是真正的外戚，可以推恩封为公爵），但已经享受了和外戚相当的待遇，决不会因为是汉军旗人，而与满洲朝廷二心的印象。与此同时，雍正帝还将延信晋封贝勒，以安稳其心，使之与"抢"了大将军位子的年羹尧和睦相处。

到雍正元年五月，青海的形势已经非常严峻，雍正帝明确下旨：

> 青海台吉，兄弟不睦，倘边境有事，大将军延信驻扎甘州，相隔遥远，朕特将一切事务，俱降旨交年羹尧办理。若有调遣军兵、动用粮饷之处，著防边办饷大臣，及川、陕、云南督抚提镇等，俱照年羹尧办理。边疆事务，断不可贻误，并传谕大将军延信知之。

这就意味着，虽然此时大将军印还在延信手中，但实际的兵权已经被雍正帝转移给了年羹尧。另外，年羹尧本职是川陕总督，辖四川、陕西、甘肃三省，三省境内文武官员听其调遣，原在情理之中。而在这道上谕内，雍正帝又命包括云贵总督在内的云南文武官员也听命于年羹尧，这无异于将从西北到西南的半壁江山都临时交付与他。时任云贵总督的高其倬与年羹尧本来地位相当，且亦是纳兰性德女婿，与年羹尧有连襟之亲，而年羹尧受命办理四省军务之后，对高其倬颐指气使，行文直呼其名，待若下属，这也成了他后来的一条罪状。

同月内，雍正帝又以延信驻扎甘州、指挥不便为名，免去了他西安将军的职务，改命年羹尧继配夫人的叔叔，毫无军事经验的宗室普照署理西安将军，等于将西安八旗驻防军的指挥权也交给了年羹尧。

雍正元年八月，立意反清的罗卜藏丹津胁迫青海各台吉会盟，强制众人放弃清朝封授的爵号，恢复旧日称号，并引兵攻击那些不肯参加会盟的王公。雍正帝得到报告后，一边命年羹尧等人派兵接应被罗卜藏丹津袭击的亲清派王公，一边命令在西宁的侍郎常寿赴罗卜藏丹津军中宣谕，令其罢兵。而罗卜藏丹津叛心已定，不容分说，就将常寿拘禁起来，然后率兵急攻西宁及其周边地区。十月，雍正帝正式任命年羹尧为抚远大将军，率军赴西宁救援，与罗卜藏丹津开战。至此，年羹尧总揽四省军务，成为清代历史上第四位汉军旗的"大将军"，而前面三位：孔有德、吴三桂、尚之信，都是清初的藩王。至于下场嘛，孔有德兵败自杀，后两位割据反叛后身败名裂。

由大将军年羹尧主持的、平定青海和硕特首领罗卜藏丹津叛乱的战争，持续的时间并不长，只有五六个月，但战争过程却十分艰苦。特别是年羹尧初抵西宁时，西宁周边地区已被罗卜藏丹津的军队占领，附近的藏传佛教寺院，如塔尔寺、郭隆寺等，亦多举僧众、佃农参与叛乱，喇嘛们披甲执械、攻城抢掠，无所不至。其时，年羹尧调来的西安、察哈尔满洲兵，四川、陕西绿营，以及各土司部落兵尚未赶到西宁会合，年羹尧只率随身亲兵，与西宁本城少量兵将坚守孤城，"昼则综核军务，夜则分班守城"，连续十一夜没有睡觉。这样的情势行诸文字递到北京，让本来就情绪特别丰富、用词十分夸张的雍正皇帝在奏折上连批几个"好心疼""阿弥陀佛"，慨然许其"好汉子"、"铁丈夫"，"真社稷之臣"、"泰山之重"！殷切惶恐之情，虽手足至亲未可及也。

随着各路兵马陆续赶到，西宁的局势逐渐好转，清军开始转守为攻，对西宁周边地区的和硕特叛军，特别是藏传佛教寺庙进行清剿。如雍正元年正月，年羹尧命奋威将军岳钟琪等率军五千人，清剿西宁东北部的大寺——郭隆寺。郭隆寺（今佑宁寺）是青海名刹，时称"湟北诸寺院之母"，康熙年间香火鼎盛时，内有武僧万余人，且地势险峻，易守难攻。郭隆寺僧人向来与罗卜藏丹津交好，亦随其反叛，不时向清军进攻。岳钟琪等人奉年羹尧之命，出其不意攻入寺中，先施放枪炮，后放火烧其房屋山寨，使寺中喇嘛折损大半，其逃出者躲进周边的山洞，又被清军围住洞口，点燃草木熏死。随后，岳钟琪以郭隆寺庙宇甚大、恐复为贼巢为由，将郭隆寺一把火烧了个干净。

藏传佛教，向来是清政府统治者抚绥蒙藏地区、构建意识形态共识的重要工具，因此对于黄教寺院和僧众，也多持尊重、保护态度，轻易不肯与之构衅对立。换句话说，如果此役的主帅换作胤祯、延信这样的宗室或是满人贵族，对于郭隆寺等寺庙和内中寺僧的态度，可能就要宽容、保守得多，至少不会放火烧毁全寺、赶尽杀绝。而由于民族和文化认同的隔膜，年、岳等人就完全从军事角度考虑，辣手频出，无所顾忌。至于雍正皇帝，在年羹尧向他奏报战果时，一面用"甚在理""实可嘉""大喜畅快"等喜形于色的词汇表达自己作为他们坚强后盾的态度，一面心里也咚咚打鼓，深知年、岳此举有悖于清王朝基本国策，容易引起蒙古各部的普遍不满。是以在将年羹尧夸成一朵花的同时，也郑重提醒他："惟杀喇嘛、毁庙、消除蒙古人之念存于心中，应匡正则匡正之。"而对于雍正帝的担忧和告诫，年羹尧自始至终也没有放在心里，霹雳手段一如既往，表现出他在政治上很不成熟的一面，也使其在满蒙上层树敌甚众，是招祸之一端。

清军在解决了西宁周边的叛军后，开始专一对付罗卜藏丹津的主力部队。年羹尧先已调遣人马，一面在四川的理塘、巴塘、黄胜关等地设卡，截断叛军入藏之路；一面屯兵于吐鲁番及噶斯泊，以防罗卜藏丹津西窜伊犁，与准噶尔部沟通。年羹尧本来打算在雍正二年开春后，筹集大军，与罗卜藏丹津主力决战，但他的手下大将岳钟琪年轻气盛，是个霍去病式的人物，立功心切，尤喜乘敌不备，千里奔袭。岳钟琪建议年羹尧，要在春草未生之际，由他带领五千精兵，分三路突袭罗卜藏丹津大营。年羹尧听从了岳钟琪的建议，于雍正二年二月向罗卜藏丹津发起攻击，在青海湖哈喇河畔，大败罗卜藏丹津主力。罗卜藏丹津败走柴达木沙漠，岳钟琪等人一路追击，擒获其生母及亲信部将多人。据说罗卜藏丹津是换上了女人的打扮才侥幸逃脱，只带着百余从人，远奔伊犁准噶尔部。

这次战役，清军只用了十五天，就深入沙漠，以很小的损失，将罗卜藏丹津的数万兵马击溃。清朝官书称赞其"成功之速，为史册所未有"。

你就是朕的恩人

年羹尧青海大捷的消息传到北京，恰逢康熙帝安葬景陵后的第一个清明，雍正帝带领王公大臣正在景陵祭奠。得知这个消息的雍正帝欣喜若狂，立即向躺在陵寝里的乃父"汇报"，并以前所未有的礼节，"著黄布护履，躬自负土，膝行至宝顶，跪添土毕，匍匐退行"，即亲自在陵丘上匍匐跪行，担送新土，为康熙帝行"敷土礼"。如此孝行、如此大功，把场面烘托得足而又足，昭示着雍正帝皇位的合法性从此无可撼动。

至于对年羹尧和三军将士的赏赐，雍正帝人还在景陵，谕旨已经发出。年羹尧晋封为一等公，加一等精奇尼哈番；封其父年遐龄为一等公，加太傅衔。此外，岳钟琪也被封为三等公，其余将士立功等次、如何奖赏，俱交给年羹尧分别请旨。回京后，雍正帝又不惜成本，极尽铺陈之能事：先后御太和殿行庆贺礼，在午门行献俘礼；按照乃父平定三藩和征讨噶尔丹功成的标准，将青海之捷告祭天坛、地坛、太庙、社稷坛、奉先殿和关内外各帝后陵寝；撰写"平定青海碑文"，勒石太学，昭告天下。

战争形势基本稳定后，年羹尧继续全面主持青海地区的军政善后工作。总原则是，扩大清政府在西北地区的直接管辖范围，对甘肃、青海、西藏地区的蒙古部落势力进行严厉限制打压。他首先提出"防守边口八款"，将清军的长期驻防、屯种战线由嘉峪关西推至原为和硕特蒙古游牧的布隆吉尔，在当地建筑城池，并派文官管理民事。又奏《青海善后事宜十三条》及《禁约青海十二事》，主要内容包括对青海蒙古各部中的"亲清"势力论功行赏，对参与叛乱者严加惩处，将原属青海和硕特蒙古统治下的喀尔喀蒙古按八旗形式编制佐领，脱离和硕特部管辖，以分割其势。在西宁以北的广袤地区修建边墙、建筑城堡、招募民人耕种，设文武官员管辖，使"西番人等肆行据攘之区，悉成内地"。严格限制和硕特蒙古的游牧区域、喇嘛庙规模和僧众人数，以及蒙古与内地互市贸易的时间地点。并规定日后内地差遣官员到青海，不论该官员品级大小，只要是奉旨而来，青海各部王公就要跪接，私人相见则行宾主之礼，等等。这些建议在当时均得到雍正帝的首肯，但日后许多内容又成为年羹尧的罪状。时至于此，具有重度文字表演型人格的雍正帝已经不知道要向这位文武全才的年大将军说些什么，才能表达自己激动的心情，只能一次次地将情绪肆无忌惮地倾注毫端，譬如：

> 从来君臣之遇合，私意相得者有之，但未必得如

我二人尔。尔之庆幸，固不必言矣；朕之欣喜，亦莫可比伦。总之，我二人做个千古君臣知遇榜样，令天下后世倾慕流涎就是矣。朕实实心畅神怡，感天地神明赐佑之至。

尔等此一番效力，是成全朕君父未了之事之功。具理而言，皆朕之功臣；拘情而言，自你以下以至兵将，凡实心用命效力者，皆朕之恩人也。此言虽粗鄙失礼，尔等不敢听受，但朕实实居如此心、作如此想。朕之私庆者，真真造化大福人则可矣。惟有以手加额，将此心对于上帝，以祈始终成全，自己亦时时警惕，不移此志尔。

大概意思就是：自古以来，君臣之间有私人感情者，也是有的，但哪里及得上你我二人这种程度！你为此庆幸，就不必说了；我的欣喜之情，也没有办法形容。总之，你我二人要做千古君臣相知的榜样，让后世之人羡慕得流口水去吧！我的天呐！我真是太高兴了！感谢上苍！

你们这一番效力，是成就了我父皇康熙爷的未了之事。从道理上讲，你们都是我的功臣；从感情上讲，你们就是我的恩人！这些话虽然粗俗，又不符合君臣之礼，想来你们也不敢承受，但我的心就是如此，我的感想就是如此！我私下里庆幸，自己真是有大造化、大福气的人啊！每每想到这里，只有把手放在额头上，感激上天的厚爱。我一颗心可对苍天、向上帝祈求，能成全我们君臣之间有始有终。我也时时告诫自己，不要变心移志。

除了指天誓日、情深意切的言辞告白外，雍正帝还不断给予年羹尧物质奖励。这些物质奖励更多的并非金银财宝、土地房屋，而是最能显示私人感情的日常随手之物，尤其要展现出"有我一份，就有你一份"的浓情厚意。如赏赐珈楠暖手一块，随称："实在是块好香，做了四块玩器，赐怡王、舅舅两块，给你带一块来，朕留一块，现今不时把握。"又赏赐新茶，说："今有查必纳（两江总督）、李成龙（安徽巡抚）新茶进到……每样给你带一瓶尝鲜。"又赏赐手巾鼻烟壶，说："今有新进三种小规矩，甚如意，寄赐与卿，以为玩具。卿之感固一日不能忘，而朕之怜实不能一时不念也。"

此外，这一时期，朝中的一切大事、要事，哪怕与军事活动毫无关系，雍正帝都要私下与年羹尧商议，听取他的意见：如山西巡抚诺敏建议施行耗羡归公，要征求年羹尧意见；律例馆修订了新律例，要征求年羹尧意见；礼部奏请为孔庙增加配享之人，要征求年羹尧意见；甚至翰林院庶吉士的散馆考试，核定等第、名次之事，也要征求年羹尧意见。这些重大政策、政务在中央六部各有专管，本非一个外省督抚应予置喙，而年羹尧毫无避讳，每每直言可否，多所更正。能够突破一切制度和人事关系限制，与皇帝私人交流，意味着他对这些决策的影响反而比相关衙门更大、更直接。

说来历史上建功立业的大功臣也不是一个两个,而自降身段、奉承功臣以至于斯的皇帝却实在不多见。看了雍正皇帝对年羹尧的恩遇迭加,特别是甜言蜜语,再反观年羹尧的悲惨下场,想必有读者就会怀疑,这是雍正帝处心积虑、故意捧杀吧?不然何至于此!然而以雍正帝的性格及惯常做法,倒真不至于存心如此险恶,实在是表演型人格使然,所谓爱之则欲其生、恨之则欲其死是也。我们可以做个简单对比:

雍正帝对自己的十三弟怡亲王允祥也极为优待信任,在即位之初,就封他为亲王,任命为总理大臣,并破例准许其爵位世袭罔替。此后又准其再指封一子为郡王,将他的俸禄、庄园、所属佐领、王府护卫、出行仪仗均照《会典》所载的亲王标准增加一倍。允祥一直总理户部,掌握财政大权,其所奏大小事情,雍正帝无不照准,并且屡次公开表示:这样的良法美意、利国利民之举,是怡亲王的建议,朕不能匿其功德而自居之,一定要向天下人公开说明。允祥的王府、别苑,甚至坟地,都被雍正帝安排在离自己最近的地方。从清宫的造办处档案中可以看到,当时允祥几乎包揽了雍正帝所有亲近要事,出入禁宫和圆明园,就像在自己家里一样。

又如对年羹尧的乡试同年,那位在康熙年间郁郁不得志的鄂尔泰,雍正帝一发现他是沙中璞玉,立即予以破格提拔,从内务府员外郎一迁则江苏布政使,再迁则署理云贵总督,主持西南地区的改土归流事宜。后又令其兼掌广西,全权掌管三省兵民大政,与年羹尧声势最盛时的权力有相近之处。君臣二人远隔万里,常年通过奏折亲密交流,讨论治国用人之道。雍正八年(1730),雍正帝得了一场大病,为免鄂尔泰悬心,特命其递送奏折的家奴进入寝宫面圣,以便回去向主人告知皇帝气色安好、龙体康健。

雍正帝对这两位的恩遇迭加、甜言蜜语,比对年羹尧算是有过之而无不及,但二人却能善自珍重、保全始终,盖因其应对有术、各具所长。

雍正帝与允祥自幼相处,曾奉父命授其算学,有较好的亲情基础。允祥早年是太子党核心成员,一废太子时失爱于康熙帝,十几年备受压抑。在康熙末年残酷储位争夺中,他选择与沉潜稳健的四兄胤禛再结政治同盟,动心忍性、秘密合作,一举成为后夺嫡时代的最大赢家(相关内容参见拙作《九王夺嫡》,山西人民出版社2021年版)。有过这样非常态下的相处经历,允祥对雍正帝的性情十分了解,深知他是感性理性都极为充盈之人,热情与阴鸷并存,或爱或恨,当时都出于至诚,只是性情反复,翻起脸来比翻书还快。于是,每当乃兄有出于常情的厚爱厚赐,允祥都采取能推就推、推不了就硬推的策略。只拼命工作,绝不接受过分的荣誉和利益，让兄长对自己始终有严重的亏欠感，毫无翻脸余地。

鄂尔泰以理学自居，为人严正，勤于事功，对下属一言进退，主持改土归流时更展现出相当的杀伐决断，行事作风某种程度上与年羹尧颇有相似之处。不过，鄂尔泰本无根基，是雍正帝一手提拔起来的新朝新人。对于雍正帝来说，他是一个完全可控的柱石能臣，除去皇帝，再无可以依靠的势力。另外，鄂尔泰也是真心感激雍正帝的浩荡皇恩，姿态放得很低，多所逢迎，虽与雍正帝算是同龄人，但奏折中动辄称："（皇上）爱臣谆笃，臣之慈父；勉臣深切，臣之严师。"这是年羹尧绝不屑于落笔的。

与这两个人相比，年羹尧更具有今人所说的独立人格意味。一方面，他的事功成就、社会关系并不完全依赖于雍正帝，既不是允祥那样的幼年相交、逆境盟友，又不是鄂尔泰那样的拔于微末、感恩戴德。另一方面，对于雍正帝那些显得失态的情感表达，他也没有表现出同等程度的亲昵逢迎，远不如与康熙皇帝的交流更加真挚自然，从单纯的人际交往和君臣礼数上讲，让雍正帝很不满意。所以，面对雍正帝同样的做法，允祥与鄂尔泰安然无事，到年羹尧身上却变成了糖衣炮弹。

此外，雍正皇帝对年羹尧的过度优待，也引起朝中衮衮诸公的反感。青海作战之前，年羹尧能够执掌大将军印，且达到信任之专无以复加的程度，无疑是雍正帝力排众议、乾纲独断的结果，朝中一些老派满蒙贵族，一直对他出任大将军颇多非议，且矛头直指满汉之别。如康熙末年曾随胤禛出征的将军、宗室宗扎布就曾向人抱怨："而今之世，满洲、蒙古断难兴盛。凡辅政大臣，皆为汉军、汉人，故汉军、汉人必兴盛。"雍正帝就此驳斥云：

> 当时青海之事可危可虑，凡事俱由朕与怡王、舅舅隆科多、都统拉锡等从中详密商定，而在外军务则令年羹尧主管。年羹尧孜孜黾勉，率领当地边塞汉兵，不糜钱粮，不劳兵马，须臾克奏肤功，从而平定青海之贼，以宁边陲。如此之人，不能委以大将军乎？朕用人不当否？就以此事而论，倘若授以允禵为大将军，而由尔等辅佐，该事能如此完结否？尔言未用满洲兵，路途如此遥远，即派满洲兵，亦难赶到，而仅用边塞绿旗兵，即能击败贼敌，扬我军威，可喜可贺，我满洲兵更显威武，此事又有何虑之处？前为西藏之事，年羹尧亦筹备四川兵马，力争务取西藏，即照皇父指教，孜孜向前，进定西藏。至圣皇父曾屡次谕曰：我朝仅隆科多、年羹尧二人有大将之才，此事人人皆知。

可知其中所言汉军者，即指年羹尧而言。

多年后，雍正帝又亲自讲出一件往事，说正当年羹尧在西宁坚守孤城之际,对自己即位助力最多的国舅隆科多曾秘密进言,认为应对年羹尧有所掣肘。不怕一万,就怕万一,说不好他哪天带兵叛乱、反戈一击呢?对于隆科多的这个说法,雍正帝还没来得及回应,他身边的另一位重量级人物、怡亲王允祥就表示反对,说既然已经把大军交给年羹尧,疑神疑鬼也没有意义了,派人掣肘,对军事行动不利,还不如一切照旧,让他把本事都使出来,打赢了算数。大约有读者看到这里会认为,对年大将军的忠诚度,掌握人事大权的隆国舅颇有疑虑,而掌握财政大权的当家亲王大力支持。实际上,事情也并不是这么简单。那么,这雍正初年的政坛三巨头关系到底如何,他们之间的角力,对年羹尧的未来有什么影响呢?

三巨头的恩怨情仇

在本系列第一篇,我们提到了酸文人汪景祺酣畅淋漓的《功臣不可为》。他在其中说到,像年羹尧这样的功臣,除了让皇帝忌惮之外,还最招两类人恨:一是管人的,必定嫌他肆意举荐、滥赏冒功;二是管财的,必定骂他报销违规、私藏缴获。汪氏所言,名为总结历史规律,实际上必然根据当时朝中的情况确有所指。毕竟,当时管人的吏部尚书国舅隆科多,管钱的总理户部事务和硕怡亲王允祥,既与年羹尧势均力敌,又矛盾重重。

隆科多身为满人贵族,本来对年羹尧掌握四省兵权存有戒心,甚至直接向雍正帝建议对其加以防范。此外,作为吏部尚书,隆科多对年羹尧大肆举荐亲信、严重干扰正常人事运作的行为极为反感。年羹尧本为川陕总督,后又奉命兼辖云南军务,对四省文武仕途都有很强的发言权。随着战争的节节胜利,年羹尧开始不断以军功名义要求中央政府为他保荐的人员加官晋爵。他开列的保举名单通过密折直递君前,再由雍正帝以圣旨形式下达给吏部,很大程度上破坏了吏部本身的选官流程。因为年羹尧每次推荐的官员太多,吏部不得已为其专立一档，谓之"年选"，和当年吴三桂的"西选"如出一辙。除西部四省官员外，年羹尧还凭借自己的特殊地位，经常对中央部院和其他各省地方官的任用提出意见。皇帝欣然采纳，圣旨从天而降，吏部只得照办。隆国舅何许人也？眼看着自己的事权被这样侵夺，怎能不开足马力，排揎年羹尧的不是？

除了职务冲突外，对这位炙手可热的国舅爷本人，年羹尧也不屑一顾，在雍正帝面前称其为"极平常人"。年羹尧不知从哪里听到的传闻，晓得隆科多有一宠妾，名叫四儿，仗着国舅威严张扬跋扈，甚至气死主母、贿门大开。这类权贵的闺门秽事，旁人茶余饭后议论调侃有之，哪能仅凭耳闻就奏到皇帝跟前？唯独年羹尧胆大嘴大，就着凯旋还朝之便，把这些街谈巷议竹筒倒豆子全说给皇帝，不给国舅留一点脸面。

面对母舅和妻舅的矛盾，强敌四面、亲信乏人的雍正帝只能采取和稀泥态度，屡次向年羹尧说隆科多的好话，不断提及隆科多对他如何敬佩、如何尊重。在给年羹尧的朱批中说："舅舅隆科多此人，朕与尔先前不但不深知他，真正大错了！此人真圣祖皇帝忠臣、朕之功臣、国家良臣，真正当代第一之超群拔类稀有之大臣也！"不过，雍正帝渐渐发现，年、隆二人，都是强横人物，光拿好话抹稀泥，并没有太大用处。特别是青海大捷后，年羹尧越发膨胀，"年选"

人数越来越滥，连其家奴桑成鼎也被保举为直隶道员这样的要缺。又曾因为吏部没有对儿子年富建造营房的功劳从优奖赏，就大发雷霆，"痛诋九卿，切责吏部"。自然而然，与隆科多的矛盾也越来越大。

为了维持安定团结的大好局面，雍正帝思来想去，挖空心思想出一个谁也想不到的办法——亲自作主，把年羹尧之子年熙过继给隆科多为子，改名"得住"。

雍正二年六月，青海大局已定后，雍正帝突然写了一段很长的朱谕给年羹尧：

> 已谕将年熙过继给舅舅隆科多作子矣。年熙自今春只管添病，形气甚危，忽轻忽重，各样调治幸皆有应而不甚效。因此朕思此子非如此完的人，近日着人看他的命，目下并非坏运，而且下运数十年尚好的运。但你目下运中言刑克长子，所以朕动此机，连你父子亦不曾商量，择日好即发旨矣。此子总不与你相干了，舅舅已更名得住，从此自然痊愈健壮矣。年熙病，先前即当通知你，但你在数千里外，徒烦心虑，毫无益处。但朕亦不曾欺你，去岁字中，皆谕你知老幼平安之言，自春夏来惟谕尔父康健，并未道及此谕也。朕实不忍欺你一字也。尔此时闻之，亦当感喜，将来看得住功名世业必有口中生津时也。舅舅闻命，此种喜色，朕亦难以全谕。

舅舅说:"我二人若少作两个人看,就是负皇上矣。况我命中应有三子,如今只有两个,皇上之赐,即是上天赐的一样。今合其数,大将军应克者已克,臣命应得者又得。从此得住自然痊愈,将来必受皇上恩典者。"尔父传进宣旨,亦甚感喜,但祖孙天性,未免有些眷恋也。特谕你知。

各位读者生活中大概听说过有好事的领导给下级做媒拉儿女亲家,但绝没听说过领导给下级张罗过继儿子的吧?更何况隆科多本有一嫡一庶两个成年的亲生子,佟氏一门更是子弟繁茂,绝非孤零无嗣、乏人养生送死;而年熙是年羹尧的长子,从年龄和受重视程度来看,还有可能是嫡长子,日后不定有承袭公爵之望,竟被平白过继异姓,也实在可笑得很。不过,既然皇帝已经热情诚恳到了这个份上,年、隆二人也只好握手言和,表示以后我们要像一家人一样,携手并肩辅佐皇上您。

而更戏剧性的,是在年羹尧获罪时,雍正帝认为吏部给他的处分过轻,公开指责隆科多有意包庇。就这样,两个老对头,终于在皇帝的不断撮合下,走上了同一条末路。

至于雍正年间的财神爷怡亲王允祥,与年羹尧之间亦有矛盾,起因当与年、隆矛盾的性质相近,是难以调和的职务冲突。雍正皇帝登基之初,在中央和全国各地开展了轰轰烈烈的清缴国库亏空运动，试图对康熙中后期因为官员贪腐、挪用而造成的严重财政亏空进行填补，运动的总指挥就是怡亲王允祥。雍正帝深知此举一定会对官僚集团造成巨大冲击，是大难特难之事，是以在允祥受命之初，就对他说："此等大事，你若不能查清，朕必另委大臣，若大臣再不能查清，朕必亲自查出。"允祥倒也不负雍正帝之望，一番雷霆手段，先拿自己所管的户部开刀，查出亏空国帑二百五十万两，除将负主要责任的大小官吏抄家惩办外，剩余部分用户部官吏的"奖金"分十年完补。除户部外，其余各省法令亦严，所有亏空官员如不能按规定期限弥补，二话不说，就地解职。由于整顿力度过大，除了允祥自己背上"苛责"之名外，他的几位得力助手日子也很难过。如时任户部侍郎的蒋廷锡在出任会试总裁时，就被忌恨者散布其卖放舞弊的谣言，肆意中伤。

就在全国上下查亏空、补国库，不惜抄家抓人鸡飞狗跳之际，在年羹尧的恳求下，雍正帝对川陕地区大开其恩，屡次减轻各项赔补，并免除陕西亏空官员就地解职的处罚。固然，川陕文武为此前的入藏作战出力甚多，现下又正在备战，审计太严、追究太深，容易动摇军心。但对于掌握全国清缴大局的允祥而言，这个口子一开，无异于给他本来已经非常艰难的工作来了个釜底抽薪，毕竟每个部、省都能找出特殊理由，恳请从宽。如此一来，被官场上下骂得焦头烂额

三巨头的恩恩情仇 / 73

的允祥无法责怪皇帝，只好将这一笔账记在年羹尧头上。

类似的矛盾还有很多。譬如年羹尧以战事需要为由，请求雍正帝准许他在西安及阿尔泰军前开捐纳，即商人富户可以通过捐钱或协助运粮的方式获得官衔。捐纳一事虽然可以一时弥补财政不足，但花钱买官，甚为主流士大夫所不齿。为此，清廷对捐纳款项的管理、捐纳人员的任用一直比较慎重。捐纳款主要交由户部统一处理，捐纳人员补授官缺的限制也非常严格，不能与正途入仕的进士、举人等量齐观。而雍正帝登基伊始，不但立即开放捐纳，还给予其十分宽松的政策安排。他一方面将西安和阿尔泰运米的捐纳钱粮直接交给年羹尧，作为军用经费；另一方面还准许相关捐纳人员"不入班次即用"，即不必在限制繁多的捐纳班次里"排队"，而是遇缺即用。这一做法给了年羹尧很大的经费自主权，使户部"天下钱粮之总汇"的权威备受挑战。

为了调节允祥和年羹尧的关系，雍正帝费尽心神。他绞尽脑汁，亲自上阵，家长里短地充当调解员、和事佬。譬如雍正元年夏天，在批复年羹尧的一封奏折时，雍正帝先拉拉杂杂讲了些自己的近况，话锋一转，说道：

> 近日怡亲王甚怪你自春不寄一音，近日年兴与送饷部员回来，你又寄东西来问好，他才喜欢了。有便当时常问候，亦当闲寄手札才是。他甚想念你，时时问及，

你当深知他待你才是。

允祥与年羹尧无亲无旧，恐怕连面也没见过两次，何来"甚想念"一说？且一个身为亲王、在内辅政；一个为贵妃之兄、在外领兵。工作之外的手书往来、礼物馈赠，在政治上是何等忌讳，岂能随意为之？可知这一段没来由的话，实为雍正帝苦心撮合：先替允祥作礼贤下士状，再提醒年羹尧要与怡亲王培养一下私人感情，不可过于生分。当然，以年羹尧的脾气，这一番话无甚效用，年羹尧也并未就此话题予以答复。青海大捷之后，年羹尧声势愈盛，要人要钱，无所不至，自然和户部的关系又紧张起来。于是雍正帝故伎重演，再次提示年羹尧要和允祥和睦相处。他借赏赐年羹尧一款珐琅鼻烟壶的机会，对他说：

有新制珐琅烟壶二枚寄来赐你，乃怡亲王所出之款样。再怡亲王可以算得你的天下第一知己！他这一种敬你、疼你、怜你、服你，实出至诚。即去年西边大事，有许多可向你说处，话多，书不尽意，后（候）明岁秋冬来京陛见时再向你面言。奇得狠（很）！况王此一种真实公忠血诚，实宗藩中之难得者，朕当日实不深知，自即位来，朕惟日重一日待之。再户部中之吏治，若可有补于王者，只管随便写来，想王领会得来的。此谕不必令王知之。

雍正帝即位伊始，即命允祥主管内廷专供御用的手工作坊——养心殿造办处。兄弟二人都雅好艺术文玩，时常自行设计小物件解闷，朱批中"乃怡亲王所出之款样"，大概是指这款鼻烟壶乃是怡亲王自己设计。而从一个鼻烟壶，拉拉扯扯以至于斯，苦心诚可悯，亦颇可议。前面我们提到过，在年羹尧担任大将军的问题上，允祥的态度和隆科多不同，他是主张对年羹尧给予绝对信任，不要因为他的汉军旗属性，就对其限制掣肘。雍正皇帝此处所说的"去年西边大事，有许多可向你说处"，或可与之对应。亦可见允祥虽然与年羹尧有一些职务上的冲突矛盾，但在大是大非问题上，还是表现出了成熟政治家的风范。仅此一点，就足以让雍正皇帝认为，年羹尧对允祥的傲慢不尊重，纯粹是他单方面的忘乎所以、不识抬举。

至于雍正帝向年羹尧声称自己即位前对允祥并不深知，当然是一派胡言，但他能这样公然撒谎，实在是年羹尧虽为雍邸门下，但常年外任，对其门主的个人交往情况并不深悉，亦不清楚雍正与允祥兄弟早年笃于友爱、后期暗通款曲的事实。而雍正帝之所以要这样说，在笔者看来，是想给年羹尧一个错觉，即虽然兄弟亲谊比郎舅更近，亲王地位比公爵更高，但我与我这位贤弟之前并没有太多的交往，我对他的信任是即位后才培养起来的，不像你我早有交情、互相了解。我希望你们和睦相处、同心协力，但你放心，对于你们二位，我会一视同仁，无所偏袒。

至于这段话最后，雍正帝让年羹尧就户部中的人事安排向允祥提出建议，当然也是拉拢、吹捧年氏之意。但完全可以想见，如果年羹尧真的不知深浅，对户部人事安排指手画脚，必然招致允祥的强烈不满。年羹尧虽然人情世故上不甚精明，大约也糊涂不到这种程度，雍正帝的便宜人情自可以放心去卖。不过即便如此，到底还是嘱咐了一句："此谕不必令王知之。"

皇帝话已说得这样肉麻露骨，年羹尧仍旧漠然视之，不予回应。无奈何，几个月后，皇帝又借着赏赐小玩意儿啰唆道：

> 手尺甚如意得用，带一个来，亦怡亲王之制度。王今春夏，总是小不爽，只觉瘦弱。入秋以来，已大愈矣。朕命王子、庄亲王，同四阿哥、五阿哥、六十，七月十七日往哨鹿围场地方学习弓马，以示朕不废武备之意。二者着他们养着。特令你知。因谕怡亲王之待你，真岂有此理，一片真诚敬爱，朕实嘉之。
>
> 还有笑话，京中有一姓刘的道人，久有名的，说他几百岁，寿不可考。前者怡王见他，此人惯言人之前生，他说怡王前世是个道士。朕大笑说："这是你们

前生的缘法，应如是也！只是为什么商量来与我和尚出力？"王未能答。朕说："不是这样真佛真仙真圣人，不过是大家来为利益众生、栽培自己福田，哪里在色相上着脚？若是力量差些的，还得去做和尚、当道士，各立门庭方使得。"大家大笑一回，闲写来令你笑。

雍正帝这两段浑似信手写来的家常笑话，实则意味甚深，前一段说自己派允祥带着一干皇子、王公哨鹿秋狝，其中排在五阿哥之后的"六十"，即是年羹尧的亲外甥、年贵妃唯一的儿子福惠。因此子生于康熙六十年，或以此为乳名，也是清初满人常见的取名之法。这位小皇子年纪只有三岁，居然离开宫廷父母，随叔父等人前往木兰围猎，是很不寻常的举动。雍正将此事特意告诉年羹尧，就是向他表明，自己有意让最亲信的弟弟与年氏外甥培养感情，甚至充当其保护人——我好人都做到这个地步了，您大将军也该知点趣吧？

至于第二段，雍正帝作嬉笑之语，明里是将自己与允祥的家常闲话说给年羹尧听，内里意思却深。雍正是佛教徒，年羹尧好道家之术，这在当时都是人尽皆知的事。而雍正此时又借几百岁的刘姓道人之口，说允祥前世也是道士，并笑称他们道士要为自己这个和尚出力，栽培福田、利益众生。他一面指示年羹尧要和允祥精诚合作，为自己的江山社稷服务；一面又颇有告诫意味地表示：必得按我所说才是栽培福田之举，才是真佛真仙真圣人，若是力量不足，没这个造化，那就难免被打回原形，各立门庭了。

雍正帝这样自行走下皇位神坛，嬉皮笑脸，感情牌打尽，在一般人看来，已经大失君主威严。奈何年羹尧实在不给面子，奏折里从不回应表态，现实中更是无所行动。雍正二年秋天，年羹尧处理好青海的战后事务，回京觐见，其间曾到怡亲王府上拜会。二人一见即不投机，年羹尧转脸向自己的亲信、直隶总督李维钧说："怡亲王府邸外观宏敞，内里草率不堪。矫情违意，其志可见。"可知雍正帝那些机关算尽的好话，不但一点劝和作用没起，还适得其反，让年羹尧感到：这位亲王明明与我没有交情，工作上又有矛盾，却在皇帝跟前装得这样谦退诚恳，心机深沉若此，还能是个好人？

对皇帝最信任的贤弟没有表现出夏天般的火热，已经是年羹尧的大失策；对皇帝的死敌没有像严冬一样冷酷无情，就更是其招祸之由。这位死敌不是别人，正是八王党的核心骨干、康熙帝的皇九子允禟。雍正即位之初，对八王党诸皇子采取分而治之的策略，以军中不可无皇子为由，令允禟随年羹尧前往西宁，名曰从军，实则发配。允禟在八王党中虽然只居于辅佐地位，但其为人颇有城府，又擅长聚敛，家资巨富，所以最为雍正帝所嫉恨，程度胜过党首允禩、允䄉。

将这位既是兄弟又是仇人的允䄉交给年羹尧看管，既是雍正帝对年羹尧的信任，也是对他的考验，考验他作为明珠的孙女婿，是否真的与八王党毫无暧昧、划清界限。然而，年羹尧对允䄉的态度，却实在不能令雍正帝放心。

监视者变成保护伞

雍正即位之后，对八王党采取分而治之的策略，将其党首允禩留在身边，充任挂名首辅；将后起之秀、卸任大将军允禵安置到遵化守陵；将能力不济但外家势大的十阿哥允䄉借事革爵拘禁；而将心计最深、反抗意识最强的九阿哥允禟交给年羹尧，带到烽烟四起的青海。

在这种情况下，对年羹尧来说，看管允禟和击败罗卜藏丹津是同样重要的工作，但处理方式理应有所不同。后者是外寇，大将军受专阃之权，可以讲究个临机应变、将在外君命有所不受。对于这一点，雍正帝是清楚的，所以哪怕年羹尧焚寺屠僧、在军事行动中做出了不符合大政方针的举动，雍正帝也并没有过多表示。但前者则不然，对于这位阋于墙的兄弟，雍正帝是要随时密切关注的，年羹尧只有早请示晚汇报的义务，没有私下沟通、便宜行事的权力。可惜，精于用事而疏于权术的年羹尧并没有把这两件性质截然不同的工作分得清楚，对待前者，他采取了和后者类似的处理方式，令雍正帝绝不能满意。

允禟与年羹尧也算是熟人，康熙年间，他们的交集主要有两个。一是允禟的女婿永福，他是权相明珠的孙子，年羹尧的妻舅。二是葡萄牙籍传教士穆景远。明末清初，欧洲传教士一直是中国政坛的一股重要势力。康熙皇帝喜爱西方科技、艺术，对宫廷传教士多所优待，在外交方面尤其倚仗，令其深度参与国家政治。康熙后期，诸皇子为了储位争作一团，传教士们为争取下一代皇帝对耶稣会士的支持，极力交好诸皇子。因为八王党的呼声最高、气势最盛，与他们往来密切的传教士也最多，这位穆景远就是其中之一。除了和八王党中的允禩关系密切外，穆景远与年羹尧之兄年希尧也很熟悉。我们前文交代过，年希尧多才多艺，尤其热衷西学，和传教士来往频繁。穆景远曾到年希尧家做客，借机与年羹尧相识。康熙五十九年，穆景远受允禟委派专程去见年羹尧，托其照管允禟在川陕的亲信，并代允禟向年羹尧赠送了礼物。

雍正元年二月，为父守丧刚过百日的允禟被雍正帝强令远赴甘肃军中，交由年羹尧看管，后又前往西宁。在允禟初赴军前的几个月，年羹尧对这件事的重视程度显然没有达到雍正帝的预期，对于允禟在西宁的安置问题，他并未专文汇报，只是在奏折中顺便提了一句："据署理西宁总兵印务副将黄喜林报到，九贝子于四月二十一日已到西宁，臣亦现在遣官前往西大通地方赶造房屋，俟修盖完日，移文九贝子搬来居住。"雍正显然对这么一点信息量不满意，赶紧告诉年羹尧："如九贝子等可疑无用之人，不妨传旨，该往何处打发，一面料理，一面奏闻。"不久，年羹尧向皇帝汇报西宁周边驻防将领分派情况，在谈到署理西宁总兵的武将黄喜林善于带兵、得到当地军民拥戴时，雍正帝不理会黄喜林为将如何，反而批曰："防九贝子要紧，速移为是，黄喜林不可叫九贝子哄了去！"意在提醒年羹尧，加强对允禟的防范，特别是别让他买通了直接看守黄喜林。

对于皇帝的这个嘱咐，年羹尧并没有足够详细地回复，这让雍正帝很不放心。于是一个月后，在年羹尧一道纯粹的军务汇报奏折上，雍正帝又批问："九贝子、察罕丹津部落二事如何料理？"察罕丹津，即是被罗卜藏丹津逼逐的亲清派和硕特王公，与他相关的事，当然是重大公务、军务。而将九贝子允禟的安置问题放在察罕丹津之前发问，显见雍正帝的重视程度。对此，年羹尧仍未专折回奏，仍是在奏陈军务过后，表示西大通允禟居住的房子还没有造好，等房子盖好了臣再拨兵伴守云云。

到雍正元年七月，西宁周边的军事形势已颇为紧张。即便如此，雍正帝仍然高度关注允禟的动向，主动向年羹尧提及此事，说允禟上了个奏折，要求回北京奔太后的新丧，自己不便直接拒绝，"浑说个'知道了'"。他告诉年羹尧：自己的本意是绝不想让允禟回京的，允禟如果借着这个模棱两可的"知道了"要求回来，你可千万给我拦住，就说你没得到旨意，不能放他回京。在雍正帝三番五次催问下，到当年的十月份，年羹尧才系统汇报了允禵在西宁的生活情况，说自己在西宁旁边的一座小城西大通（今青海省西宁市大通县西北）为允禵修盖了临时住所，请他搬去居住；又细述自己与允禵在西宁郊外民房中会面谈话的情形，谈及自己如何让允禵打消回京的念头，并接家属来住。雍正帝连批"真正难为你""好极""奇才""得体"等语，对年羹尧的汇报十分满意。

此时，西宁周边已是遍地烽火，允禵迁居西大通后，年羹尧放在他身上的精力很少，雍正帝似乎也不好在前方戎马倥偬之际再打听政敌消息。直到雍正二年三月，年羹尧才再次汇报了允禵的情况，而且是对其进行参劾。起因是河州（今甘肃省临夏市西南）守军捉住三名形迹可疑的旗人，审问得知是允禵手下管放牧的头目，奉允禵之命前往河州采买草豆、踏勘草场。年羹尧以边口之地各民族杂居、奸细最多，而允禵未告知自己就派人跨地区买卖、踏勘，违抗军法为由，将其参奏。这道弹章，虽然客观上满足了雍正帝对允禵凡事找碴骂一顿的要求，但主观上来讲，年羹尧可能还是从军事和边疆管理角度来考虑问题的。

首先，善于经营的允禵定居西大通后，一直没断了在甘肃、青海等地做买卖。他此行携带巨额金银，且出手十分大方，采买物品不计价格，听卖家索要。使得远近大小商人无不知道西大通来了"九王爷",豪爽贤德,遂趋之若鹜,小城西大通一时间竟成了个商业中心。对于允䄉这些作为,年羹尧近在毗邻,不会没有耳闻,却未加以限制,也没有上奏。想来那次河州买草,如果不是相关人员被当作奸细抓获,年羹尧也未必愿意多管。另外,此次参劾后不久,年羹尧又写一奏折,为允䄉遮掩起来。他说:"贝子允䄉近日行事光景颇知收敛,臣此次路过西大通,未曾见面。盖自臣参奏后,恨臣固深,而其上下人等亦自此始知畏法。臣已留人在彼,凡贝子允䄉有何行事之处,臣皆得闻知。"对于年羹尧这样的态度,雍正帝是绝不放心的,他提醒道:"此人奸诡叵测之人,非廉亲王、允䄉之比,此二人真还望其后悔。"又在年羹尧提及自己派人监视允䄉处批道:"第一要紧,如此方好。"

在雍正帝心目中,允䄉是彻底的敌对势力反动派,绝不可能改悔,也绝不能被饶恕,对待他只有密切监视、控制,进而挑剔毛病、罗织罪名、除之而后快这一条路,无可动摇。他的这一种态度,当然不是突然产生的,而是即位以后就一以贯之的。年羹尧自受命监视允䄉之日起,雍正帝便将自己这一态度向其多次明示、暗示,年羹尧是聪明人,不会毫无察觉。然而在实际的监视活动当中,年羹尧却没有坚决贯彻雍正皇帝的意旨,不但一次参奏之后转而为其遮掩,称其"知收敛""知畏法",还放松监视,使允䄉有经营买卖,甚至和传教士穆景远等人交流联络的空间。可以想见，远在京城、鞭长莫及的雍正帝，对此会有怎样的疑惑、是何等的紧张！

在笔者看来，年羹尧的这一做法，大概出于三个原因。首先，年羹尧与允䄉本有交往，是熟人，还多少沾些亲戚；允䄉是先帝皇子，其父康熙帝对年羹尧有无以复加的知遇之恩。为了先意承志、取悦新君，而凌虐和自己没有私仇私怨的恩人之子，这样的行为，不是年羹尧这种以"大英雄"自诩的人做得出的。

第二，正如笔者前文所交代的，年羹尧自始至终没有把自己定位成雍正帝的"私人"，哪怕他们之间有很近的亲戚关系。年羹尧始终认为，自己最重要的职务是"大将军"，最重要的职责是带兵打仗、驱逐叛军，而不是参与皇室斗争，帮助皇帝打击亲兄弟。即便每个官场中人都知道，帮上司做好事、公事，远不如帮他做坏事、私事更容易产生亲近感。

第三，虽然没有任何材料证明，但笔者大胆推测，年羹尧可能在困守西宁孤城、难以得到后方足够支援的情况下，向同在西宁、随身携带了大量金银的允䄉予以经济上的求助，并得到了允䄉的支持，所以无论如何，要对他手下留情，一定程度上充当了他的政治保护伞。对于这一点，雍正皇帝可能也有所了解，采取睁只眼，闭只眼的态度。年羹尧落马后，继续受命看管允䄉的宗室楚宗、直隶总督李绂都发现了允禟、年羹尧之间有不少的往来书信，并将此事上奏雍正，示意要不要借此将二人定以同党之罪。雍正帝回复说这些书信的事他都知道，二人自有罪名，何必凭空拉扯在一起。

雍正帝将允禟交给年羹尧看管，本来是出于信任，年羹尧宽待允禟一事，如果发生在雍、年君臣交好之时，最多也只会造成皇帝的不满。而一旦君臣交恶，特别是交恶的形势明朗化之后，在即位合法性有瑕疵的雍正帝看来，年羹尧割据西北、手握大军、身边又挟有野心勃勃的反对派皇弟，甚至利用起了皇弟的政治、经济资源，那可就过于危险了，其局面简直可以与当年挟制着南明永历皇帝的吴三桂相提并论。想必每念及此，雍正帝都要不寒而栗、夜不能寐吧。

从雍正三年初"倒年运动"进入筹备阶段起，雍正帝对允禟的控制措施也越发严厉。他以允禟在西宁纵容家人生事为由，派遣都统楚宗赶到西宁对允禟进行约束，接替了年羹尧对允禟的监视工作，在他们之间树了一道防火墙，隔绝其联络。

对于监视允禟一事，楚宗与年羹尧的态度大相径庭，才一接到任务，就立场鲜明、铿锵有力地表态说："楚宗原本愚钝，承蒙圣主隆恩，虽在梦中，惟念圣主。无论何人，圣主稳知，卑职楚宗何所效力，今抵至西宁后，尽力严管彼处所有人等，若有不从，当即参奏以外，倘稍有异常举动，即一面奏闻，一面酌情办理。"雍正帝为此表扬他："所奏允禟之事甚知大理大义，殊堪嘉奖，此方称不辱宗室为首大臣也。"楚宗受到鼓励，一到西宁就严参允禟装病不请圣安、不行叩拜之礼、态度傲慢、自称脱离红尘之人，并在西宁经商贸易收买商民兵丁之心等事，并建议皇帝下旨将允禟带回京城囚禁，以绝后患。根据楚宗提供的信息，雍正三年三月，皇帝直接用允禟之事表达对年羹尧的不满，朱批曰："楚宗奏允禟在大同（通），兵民买卖人俱称贤王，普概感激，而其下人逐日射箭嬉戏，毫无为难之色，问其何以如此，皆言一切交易上，下人任买卖人之价所取，因此而得名等云云。与你之所见何如？你与允禟来往字迹光景言辞怎么样？有存着送些来看。允禟见楚宗时放肆无礼，出言不逊之至，朕已明谕在廷王大臣等，想你自然亦得闻也。据实奏闻。朕原有谕你，想你的兵弁人等被他愚弄欺你，这样光景似应朕谕矣。"其中"你与允禟来往字迹光景言辞怎么样？有存着送些来看"已经显示出强烈的不信任感。

此时的年羹尧已是动辄得咎，应对皇帝的不满有所察觉，但江山易改，本性难移，即便被如此责问，他仍不肯为允禟额外增加罪名，以求自效，只是将楚宗所称的允禟罪名又重复一遍，上奏给雍正帝。当然，不论如何表态，对年羹尧来说都是为时晚矣。很快，他对允禟的监视任务，就和他的川陕总督、抚远大将军身份一起落幕了。

事情发生了变化

除了前文所说的种种问题外,年羹尧还有一些典型的性格弱点,在他和雍正帝的矛盾发酵中起到了严重激化作用,比如爱慕虚名,喜欢自我标榜。平心而论,年羹尧识人称明、论事称精,这一点雍正帝是了解的,在两人关系融洽时,也很愿意接受他的意见。在举荐大臣方面,前文我们提到过的鄂尔泰、史贻直,都是正面典型。此外如雍正元年正月,他一道奏折就荐举了川陕两省中层文官十五名,其中胡期恒、王景灏、傅德等都以干练著称,后皆官至巡抚,是年羹尧川陕班底中的主要成员。在治事方面,如雍正元年著名的山陕乐户"豁贱为良"政策,出自年羹尧长子、御史年熙所奏,实际上也就是年羹尧的意思。可惜的是,这些君臣相得的好事,最后都成了年羹尧的罪过。

先说用人。年羹尧虽能识人,却喜奉承,又不能拒贿,很快就出现了荐举太滥、甚至因贿而荐的问题。名声在外后,朝野逢迎拍马之人更是如蝇逐臭,连被皇帝憎恨的廉亲王允禩的门人也带着金银到年家行贿,谋求升迁。

而随着雍正帝自己培植的人事班底不断成熟,年羹尧逐渐失去了为新君介绍朝臣的中间人身份。在这种形势下，他以大将军身份举荐非其所直辖的官员，本来不妥，多荐滥荐，更是极犯忌讳。然而被皇帝和群臣捧昏了头的年羹尧完全没有意识到这一点，仍然不断向皇帝提出人事建议，且泥沙俱下，令雍正帝大为气恼。

再说治事。雍正帝与大臣相处，很崇尚一种理想的君臣关系。他希望一件利国利民的好事做出来后，提议的大臣能够谦逊低调，只称颂皇帝的圣德，而不自我标榜，所谓"善则归君"是也。当然，他并不是一个喜欢掩人功劳的君主，对于宠臣们的好人好事，他很愿意投桃报李，公开赞美，让受益者在感激皇恩的同时，也念及相关大臣的好处。和乾隆帝以"本朝无名臣"来衬托君主的独裁与圣明相比，雍正帝追求的是"他好，我也好""大家好，才是真的好"。

不过，如果好政策的提议者率先打破了这种理想的君臣关系，到处自我宣扬、自我标榜，视皇帝的"圣恩"于无物，那是雍正帝绝不能容忍的。大臣单方面的"沽名"是他的大忌，普通士大夫尚且如此，年羹尧这样的领兵重臣，那就不消说了。可不巧，年羹尧确有"沽名"之好，譬如山陕"豁贱为良"一事，就被作为年氏父子的盛德，在当地大肆宣传，令皇帝极为恼火，后来成为年羹尧的罪状之一。凡此种种，不一而足。

事实上，以年羹尧之聪明，他对自己权重遭忌、成为众矢之的的处境并非完全没有认识。战争结束后，他曾上奏试探雍正帝的态度，说：我本来有臂痛之病，现在已经好了，只是眼睛老花，缮写奏折要戴眼镜，头发也白了几十根，心脏也不大好。我担任封疆大吏有十六年了，一直尽心竭力，不敢稍有懈怠。我现在十分想回到北京，与皇上您君臣团聚，至于西陲重任，我实在不能永远担任。我现在希望您能给我一句准话，让我安心。等我将川陕军事善后工作完成后，若不用心荐举一名可以替代我担此重任的大臣，那就是我只图利己、不顾地方大事，自然是辜负了皇上的天高地厚之恩。

针对年羹尧的这番试探，雍正帝一面强调自己是如何心疼，给药给方，让年羹尧好好调养身体，一面表态说："西边是即如此平定，亦得你在此弹压数年。况你立此奇勋，地方来年妥之，先调你进来，必令天下后世以为疑你之举，即便是你的立意，亦不过加你功成身退之论，我君臣何必存此形迹？当做一个千古奇榜样与人看方好。"明确表示如果此时将年羹尧"调岗"，就要被世人视为君臣相猜相疑。所以为了维持二人"千古奇榜样"的高大形象，近一时期你年羹尧还要继续坚守在川陕总督的岗位上。随后皇帝又说："你我又不老，三四年后你进来，徐图君臣老景逍遥之举方是至理。"意思是年羹尧再做三四年外任，在此期间找到合适的接任者，自己回京任职。

我们可以将这番对话与后来云贵、广西总督鄂尔泰的情况做一对比。雍正七年（1729），在主持西南改土归流过程中立下大功的云贵总督鄂尔泰破格担任云、贵、广西三省总督，节制西南，权倾一时。次年，雍正帝因为怡亲王允祥的去世倍感孤立，很希望鄂尔泰进京辅政，又担心西南军务无人主持。于是他给鄂尔泰写了一封长信，提到"朕之想念欲令卿来京，君臣相会之意，料卿亦必尽悉。但因三省事机重大，欲令卿多调停数载，可以委用他人代理时，酌量有旨也"，并命他留心朝廷内外大小官员，挑选继任人选。相比之下，雍正帝对二人的要求是一样的，但出发点大不一样：不让年羹尧立刻回京，是恐怕被世人认为君臣有"疑"有"形迹"，而不让鄂尔泰立刻回京，则纯粹出于边疆政务的考虑，未及其他。其用心诚恳与否，可见一斑。

已有的研究普遍认为，雍正帝向年羹尧下手的导火索是雍正二年底年羹尧进京陛见。此前，因为种种原因，雍正帝已经对年羹尧非常不满，但就是那短短的两个月时间内，年羹尧在北京的傲慢表现彻底激怒了雍正帝，令其忍无可忍，下定了"倒年"的决心。

对于这样的判断，笔者也是认可的。前文我们提到，年羹尧虽然从康熙四十八年起就是雍邸门下，又是侧妃亲兄，但因其外任较早，所以终年羹尧一生，和雍正面对面交流的机会其实非常之少。从二人结为郎舅，到年羹尧被赐死的十五六年间，年羹尧只有四次短暂待在北京，最后一次还是以失去自由的囚犯身份。

其中，年羹尧第一次进京是在康熙年间。当时雍正帝只是普通皇子，年羹尧也只是普通督抚，二人都没有达到极度膨胀的状态，想必互相也能拘泥于基本的礼节，保持表面的体面。即便如此，正如我们前面提到的，康熙年间年羹尧的言谈行止仍然令他的门主雍亲王不满，甚至暴跳如雷，认定他是个脑后长反骨的危险人物。

年羹尧第二次进京是在雍正登基之初，他以川陕总督的身份为康熙帝奔丧，并与新君商议西北军事部署。这一次他进京的时间较短，又正逢国丧，安排太过紧凑，张扬的个性没有机会施展。另外，这段时间是雍、年关系史上的蜜月期，年羹尧刚刚为大将军印的平稳交接做出贡献，雍正帝也盼着他在西北立下新功，为自己的皇位再上一层保险。二人惺惺相惜、互相倚仗，一见之下，以前的不快统统忘却，情谊越发深厚。

雍正二年底，也就是青海一战大功告成的半年之后，年羹尧再次回京，完成他的庆功之旅。这一次他在北京停留的时间较长，足够把该得罪的人当面得罪个干净，也有机会让雍正皇帝近距离感受一下这位四十多岁就功成名就的大将军有多么不可一世。另外，此时的雍正已经做了两年皇帝，习惯了"出一言而盈廷称圣，发一令而四海讴歌"的生活，和即位之初的心理大不一样，对他人"不敬"举动的容忍度自然也大大下降了。即使书面交流时还能自降身段，"恩人功臣"的不离口，可换作当场周旋，则又该是另一种心态感受。

年羹尧入京之初，雍正帝高度重视，如待贵宾，专门让礼部拟定仪注，还打算让各省督抚同时进京，以为陪衬，后因四川巡抚蔡珽反对而作罢。年羹尧在京居住期间，雍正帝让他与总理事务王大臣、中枢近臣们一起面承上谕，下达圣旨。雍正帝之所以有此举动，可能有借此机会试探年羹尧能否留京任职机枢的初衷。年羹尧才兼文武，是翰林出身，先出将而后入相，论能力论地位，都无不可。且如此一来，既客观上起到了削其兵权的目的，又能保全功臣身家、君主体面，倒不失为一个两全的办法。不过，经过一个多月的试验，雍正帝认识到，这个想法实在有些一厢情愿的意思，可行性很差。

一方面，年羹尧虽然是进士及第、翰林起家，但在外开府、领兵已经近二十年，独当一面、说一不二，早已成了习惯，再回到北京做那早来晚散、随班唱和的中枢大臣，他自己根本无法适应。另外，他的礼仪铺张，举动傲慢。如沿途垫道叠桥，铺面俱令关闭；接受巡抚李维钧等跪拜之礼，并不辞让；在京时路遇王公下马问候，只以颔首答礼等等，自然令同僚反感。更有甚者，是在与雍正帝会面时御前"箕坐"，即大大咧咧两腿张开坐着。这样的姿态当然让雍正帝极为生气，这种面对面的直观冲击，显然比耳闻的、奏折所见的更令人难以接受。短时间内尚且如此，长此以往更不可行。

除了这些感官上的刺激外，年羹尧更大的问题是在京中招权揽势，四处插手各项政务，宣扬自己的权威、功绩。既看不过去，又不便明说的雍正帝只能变通办法，当着年羹尧和文武百官的面诉起了"委屈"，大谈"为君难为臣不易"。在这道长篇上谕中，雍正帝除一如既往斥责死对头廉亲王允禩、十四阿哥允禵外，也多处点到年羹尧的名字。如：

> 夫为君难，为臣亦不易。岂惟为君必亲历始知其难，即为臣不易亦非亲历其境者不知。如不为诸王，岂知诸王之难？不为大臣，岂知大臣之难？即如年羹尧建立大功，其建功之艰难辛苦之处人谁知之？舅舅隆科多受皇考顾命，又谁知其受顾命之苦处？由此推之，廷臣不知外臣之难，外臣不知廷臣之难，总之非身亲其境不知其难也。夫为君须实知其难，为臣须实知其不易，然后能各尽其道。如朕谓予无乐乎？为君便是一言丧邦也。如舅舅隆科多、年羹尧谓予无乐乎？立功便当祸不旋踵矣。以至大臣官员莫不皆然。

> 凡有保举，不过各就其平日所知，岂能尽保其将来？如广西布政司刘廷琛，原系年羹尧所举，今行罢斥矣。即如黄叔琳为朱轼所举，今亦处分矣。在年羹尧、

事情发生了变化 / 95

朱轼不过一时误举，无大关系，而朕任使不得其人，费无数焦劳筹画。大臣中如年羹尧、朱轼可谓公慎无私，仍属知人者，然即使尽其所举，亦不能充满庶位，试问二人亦必以不能周知为对。朕令大臣辈各举所知，其不知者即可以意中无人覆奏。若朕则统理天下政事，有一职即需一人，岂得以无人充此职而可推诿乎？

如近日岳周一案，岳周为工部司官，廉亲王始而参劾，继又帮银数千两代完公项。岳周身家有余，廉亲王力量有限，而如此作为，不知何意？且岳周将现银二万两向年羹尧求荐布政司，人皆知为廉亲王典铺中物。以廉亲王之所为，虽竭府库以与之，亦不足以供其要结之费。然用人理财之难，总莫难于使人人尽去其私心，私心一萌，狡诈百端。即如近日赏兵，则相与谣言曰：此大将军年羹尧所请也。夫朕岂冲幼之君，必待年羹尧为之指点，又岂年羹尧强为陈奏而有是举乎？此不过欲设计以陷年羹尧耳。

去年皇太后宾天时，外间谣言朕欲令允禵总理事务，允禵奏云：若欲令我总理事务，须将舅舅隆科多、年羹尧二人摈斥，再发库帑数百万赏赉兵丁，我方任事。因朕吝此数百万，又不肯斥此二人，故允禵不从任事。其荒诞无稽、骇人听闻至于如此！以后九门提督八旗都统一闻此等谣言，即当立拿，究其根柢，以惩奸完，不可轻贷。

前朕所颁谕旨发阿灵阿、揆叙之奸，乃朕数十年来真知灼见，定成爰书，闻亦有疑为年羹尧所为者。朕之年长于年羹尧，朕胸中光明，洞达万几，庶务无不洞烛其隐微。年羹尧之才为大将军、总督则有余，安能具天子之聪明才智乎？朕因年羹尧为藩邸旧人，记性甚好，能宣朕言；下笔通畅，能达朕意。且秉性鲠直，不徇情面，故朕早有此意，待其来京陛见，令其传达旨意，书写上谕耳。而外人遂造作浮言，加年羹尧以断不可受之名，一似恩威赏罚非自朕出者，妄谬悖乱一至于此，深可痛恨！

一篇上谕内，共六件事、十六次提到年羹尧的名字，处处都皮里阳秋，褒中必带贬，贬处又稍带一些褒奖，用心迂曲，很值得揣摩。第一处：说年羹尧建立大功，紧接着又说功臣不易，"立功便当祸不旋踵"。第二处：说年羹尧识人不明，举荐的布政使刘廷琛不是好官，但马上又说他一贯公慎无私，一时误举也不是大错，还拉上忠厚长者朱轼来做比。第三处：说廉亲王的亲信岳周向年羹尧行贿求荐，他虽拒贿并加举报，但话外之音是，何以廉亲王都提拔不了的人却转投你年羹尧的门路？第四处：说皇帝赏赐有功将士本是"天恩"，外界却"谣传"为年羹尧所奏。言外之意，之所以有这样的谣言，即便不是年羹尧及其左右自我标榜，也是人同此心，公认军功赏罚之事，皇帝都是听从年羹尧的意见。第五处：说谣言称皇帝因为太后宾天，本要重用母弟允䄉，只是碍于年羹尧、隆科多未果。由此推出，皇帝是否有意重用允䄉尚不足论，然皇帝重用年羹尧是导致手足不睦的重要因素，也在社会上广为传说。第六处：说有谣言称皇帝处理阿灵阿（已故一等公，康熙帝孝昭仁皇后之弟）、揆叙（已故左都御史，明珠之子）这样的大案，也是出于年羹尧的意旨，简直是无稽之谈，这些言论是"加年羹尧以不可受之名"。然而可以想见，这类涉及八旗亲贵的钦定大案都有人怀疑是年羹尧在背后主使，年羹尧的权势是显赫到了何种程度！

至于上谕中"朕岂冲幼之君，必待年羹尧为之指点，又岂年羹尧强为陈奏而有是举乎""朕之年长于年羹尧，朕胸中光明，洞达万几，庶务无不洞烛其隐微。年羹尧之才为大将军、总督则有余，安能具天子之聪明才智乎""外人遂造作浮言，加年羹尧以断不可受之名，一似恩威赏罚非自朕出者"之类的表述，其愤懑不满之意已经喷薄欲出，即便随后又拿话遮掩，声称年羹尧没有这样做，这都是别人诬陷他的谣言、是狂悖谬乱之语等等，但现场"恭聆圣训"的年羹尧如果稍微留心，此时也该不寒而栗、汗流浃背。可惜，已经听惯了皇帝甜言蜜语的年羹尧没有足够的警惕之心，没有就此做出任何谢罪、请辞之举，而是听听作罢，心安理得地回到大本营西安。

对此，雍正帝当然不满。然而仅仅是不满，哪怕是严重不满，也并不足以让雍正帝凭一时冲动拿下这位"西北王"，毕竟年羹尧是他热捧了三年的大功臣，在川陕经营十余年，政治、经济、军事实力都十分可观。拿下他，需要考虑两个重要问题。

第一是合法性、合理性够不够。雍正帝是个好名声要面子的人，自己捧起来的"功臣""恩人"，如果没有足够充分的理由，或者干脆说是罪名，只因为"箕坐"这些礼仪小事，或是行为招摇一些就君臣反目，那未免显得皇帝太没有容人之量，不是个明君。年羹尧是成大事不拘小节的人，想找他的罪名，当然是不少的，但毕竟需要时间去搜集，需要人证物证来坐实。

第二是控制力够不够。年羹尧在川陕等地经营多年，不但本人作战经验丰富且拥有兵权，当地主要文武官员也大多由他推荐任命，很容易形成类似中晚唐藩镇的割据之势。何况他身边还有允禵这样具有皇位争夺资格的近支皇室成员，可以与京中的其他反对派形成呼应，对即位合法性有瑕疵的雍正帝构成极大威胁。当时，在川陕核心地带，对年羹尧的牵制势力几乎是没有的，举朝上下，能够在军事上与年羹尧集团势均力敌的重臣大将也不多见。

对雍正帝来说，如果只考虑第二点，将年羹尧直接扣在北京，是比较稳妥的办法，但这显然与第一点相违背。如果要兼顾第一点，即先将年羹尧放回川陕，再搜集罪名，按照惩处封疆大臣的一般程序处理，一旦行事不慎，就可能对年羹尧及其集团造成心理刺激。万一局面失控，后果不堪设想。

时过境迁之后，雍正帝曾向群臣透露，说在此次年羹尧来京期间，有亲信之人建议自己，不可将其放回陕西。但雍正帝很是自信，认为自己有足够的驾驭能力，而不需要采取这种突然扣留的方式，落个不依法办事、莫须有抓捕功臣的名声。

那么，在处置年羹尧的问题上，雍正帝到底采取了怎样的策略和步骤呢？

为"倒年"做铺垫

上篇说到,雍正二年十一月,已经立意"倒年"的雍正帝,考虑到逮捕功臣的合法性问题,将年羹尧"放虎归山",让他回到经营十余年的川陕大本营,且仍担任抚远大将军兼川陕总督职务。不过,也是从这时起,雍正帝开始步步为营,策划布置"倒年运动"。"倒年运动"按照时间划分,可以分为四个阶段。

第一阶段是从雍正二年十一月到雍正三年初,可以称为秘密放风阶段。在这个时间段内,一切公开发布的谕旨、文件上,还没有透露出与年羹尧相关的丝毫负面信息,但在皇帝与封疆重臣们一对一交流信息的密折上,雍正帝已经开始在不小的范围内,表达自己对年羹尧的不满,并明示相关大臣要及时表态站队,最好还能就己所知揭发其大小罪过。秘密放风的对象主要包括两类人,一类是很得雍正帝看重,又和年羹尧无甚来往,甚至有矛盾过节的大臣。

如雍正二年十一月年羹尧刚离京,雍正帝即在朱批中向湖广总督杨宗仁询问:"年羹尧何如人也?就尔所知,据实奏闻。'纯'之一字可许之乎?否耶?密之。"在此前的两年多内，年羹尧一直被天语"定性"为公忠体国、不矜不伐、公慎无私的大功臣，甚至皇帝的恩人，而此时皇帝突然一百八十度大转弯，反而向大臣询问，年羹尧到底是怎样一个人，是不是能称为"纯臣"，显然是对他的"纯"度产生了高度的怀疑。杨宗仁官场老吏，焉能不知其意。

又雍正二年十二月，雍正帝在河道总督齐苏勒的奏折上批道："近来旧旧（舅舅）隆科多、年羹尧大露作威作福揽势之景，朕若不防微杜渐，将来必不能保全朕之此二功臣也。尔等当远之。现旧旧（舅舅）只说你操守不好，而年羹尧前岁数奏你不能料理河务，言不学无术。今岁已安澜告成，今陛见来，言：'大奇，皆皇上洪福！'朕依此知卿之独立。只有怡亲王深言汝之好处，现你与王毫无交接，朕知之最真。今既奉旨，不必疑，不必料，可奏折之便问好请安亲近之，与你保管有益，况王公忠廉诚，当代诸王大臣中第一人也。"齐苏勒是雍正年间的治河能臣，深得皇帝倚重。在这篇朱批中，雍正帝不但将自己对年羹尧的不满向其直告，还亲自挑唆二人关系，称年羹尧曾在背后说他不称职、不学无术，真是用心良苦，对齐总督"照顾"得很。

杨宗仁、齐苏勒和年羹尧本无瓜葛，看到这样的朱批，大约除了心里一震，意识到朝中将有大变动外，倒也谈不上有多么紧张。与他们相比，第二类放风对象就没这么超脱了。这类人大多是年羹尧的亲朋故旧，或是由年羹尧提拔荐举的文武大臣，只是其人或有才干，或与皇帝也有亲旧，有分化瓦解、笼络保护的必要。提前放风，是对这类人物的试探之举。如果他们能明确表态，甚至对年羹尧反戈一击，自然可以保全；如果虚与委蛇，甚至被发觉与年羹尧通风报信，自然彻底坐实为"年党"，只待秋后算账。

如安徽巡抚李成龙与年羹尧为通家世好，雍正帝在雍正三年正月向他说："近日年羹尧甚作威福，贪取贿赂，朕甚怪他负朕。况你儿子在彼，你等原是世交，若通情则可，若畏惧附和他，恐为他连累也，诸事当慎之。不但年羹尧自己仗不得，凭谁不能致尔等祸福也。除你本王之外，总孤介好。今雍正三年矣，向日得力之行为，今皆不灵应也！改之勉之！"

这里的"本王"即是怡亲王允祥。雍正帝向大臣放出"倒年"风声的同时，往往告诉他们：朝中只有怡亲王最值得我信任，你们要向怡亲王靠拢，有什么不便直接上奏给我的事，都可以向怡亲王反映，他就是我的代言人。雍正帝最忌讳大臣搞"团团伙伙"，特别是结交宗室王公、权臣亲贵，可他也明白，"朝里有人好做官"是官场中根深蒂固的观念，皇帝高高在上，虽然推广了和大臣一对一联络的奏折制度，但要真正实现扁平化管理，也非常困难。在这种情况下，真正孤介自持、不依附权贵的官员几乎是不存在的，即便存在，也很难立足，更难施政。与其让他们各寻门路，去投靠自己的亲友、同年、恩主，不如亲自为他们指定一个和自己一心的"泰山之靠"作为联系人。他当年极力拉拢年羹尧与允祥的关系，意出于此，如今密令群臣抛弃年羹尧而结交允祥，也是这个缘故。

第二阶段从雍正三年初到当年四五月，是公开放风与搜集证据阶段。在这个阶段内，雍正帝开始在公开的谕旨、文件上事无巨细地批评年羹尧。比如著名的"金南瑛事件"和"朝乾夕惕事件"，就分别发生在当年正月和三月。

雍正三年正月，一贯只受表扬的年大将军被皇帝公开点名批评，并交吏部议处，理由是他指使自己的亲信、甘肃巡抚胡期恒参劾了一位下属官员——陕西驿道金南瑛。督抚参劾下属官员，本是分内之权，除非有特别充足的理由证明督抚滥施淫威，皇帝一般不会予以驳回，更不会指斥督抚。但对于这个名不见经传的金南瑛，雍正帝极力维护，指责年羹尧、胡期恒是"妄参"，理由只有一个：金南瑛曾经是怡亲王保举过的会考府官员，怡亲王保举的人，怎么会不称职呢？必然是你年羹尧排斥贤良、任用私人。显然，这是与朱批中要大臣们远年羹尧、亲怡亲王的态度相呼应。

雍正三年三月，北京城出现了"日月合璧，五星连珠"的天象，是所谓的祥瑞之兆。按照惯例，一定级别以上的大臣都要向皇帝上贺表，歌颂皇帝圣德感天。这一类文字，实属套话具文，向来由督抚大臣的幕府起草、誊抄，送到北京后，不迷信祥瑞的皇帝通常也不会亲自阅看，走走形式、表表忠心而已（雍正帝晚年有迷信祥瑞的倾向，这一阶段则完全没有这样的迹象）。但就是这一次，存心鸡蛋里挑骨头的雍正帝发现年羹尧的贺表里出现了错字，即将用以形容皇帝夙兴夜寐、励精图治的美好词汇"朝乾夕惕"写错了，写成了"夕阳朝乾"。雍正帝将这个文字错误无限上纲上线，说：年羹尧不是个粗心的人，他的贺表写成这样，是故意的。他不愿意用"朝乾夕惕"这四个字来评价朕，这是"自恃己功，显露不敬之意"。他既然不认可朕的政绩，那么他的青海之功，朕亦在许与不许之间！这样的话都说了出来，满朝文武大约再也没有人看不出皇帝的意图了。

另外，在第二阶段内，一部分在前一个阶段受到秘密暗示的大臣，开始或秘密或公开地弹劾年羹尧，揭发他各式各样的罪状。雍正帝顺利找到"倒年"合法性的抓手，开始向各地派人，就这些弹劾内容落实人证物证。这两个阶段在"倒年"运动中至关重要，其时，雍正帝尚未对年羹尧采取任何实质性惩罚措施，只是进行笔头警告。事实上，自从雍正二年底离开北京，年羹尧就开始直接面对雍正帝的敲打。按照惯例，他一回西安总督衙门，就向北京递交了一个谢恩折子，一方面报告皇帝自己已经回任，一方面感谢皇帝对自己在京期间给予的厚待优赏，承认自己过去犯了很多错误，感谢皇帝的宽容谅解。雍正帝在此奏折后面，批了很长的一段话，意思颇深。他说：

> 据此不足以报君恩父德，必能保全始终，不令一身置于危险，方可谓忠臣孝子也。凡人臣图功易，成功难；成功易，守功难；守功易，终功难。为君者施恩易，当恩难；当恩易，保恩难；保恩易，全恩难。若倚功造过，必致返恩为仇，此从来人情常有者。尔等功臣一赖人主防微杜渐，不令置于危地；二在尔等相时见机，不肯蹈其险地。三须大小臣工避嫌远疑，不送尔等至于绝路。三者缺一不可，而其枢要，在尔等功臣自招感也……

年羹尧接此朱批，自然惶惑，忙表态说自己秉性庸碌愚昧，犯了很多错误，皇上不忍加罪，还这样教育他，他非常感激，一定自勉赎罪云云。对于年羹尧这样的回复，雍正帝的朱批口气似乎稍缓，表示"览此奏朕心稍喜，过而能改则无过矣"，但转而又语带讥诮，说只恐年羹尧对自己的告诫不能心悦诚服。如果真是如此，那就"可惜朕恩，可惜己才，可惜奇功，可惜千万年声名人物，可惜千载奇逢之君臣遇合，若不知悔，其可惜处不可枚举也"。雍正三年二月，雍正帝又因金南瑛等事，命新任陕西巡抚石文焯带话给年羹尧，质问说："怎么连他也不知道朕呢？着他回奏。"年羹尧无奈表态，称自己确实是认识到错了，确实是心悦诚服、忠心耿耿，但又彷徨莫措，不知如何改过。雍正帝接到年羹尧这些惶恐悔过的奏折后，显得十分不屑，冷冷批曰："彷徨莫措，亦自信不及尔，如果知恩，何罪可待？"

此时的年羹尧仍然身在西安，掌握兵权，一旦受到严重的心理刺激，酿成兵变甚至引发全面战争，都不是完全不可能的事。雍正帝身边的亲信重臣对此皆有忧虑，曾劝谏这位不让人省心的话痨皇帝，发表关于年羹尧的言论，最好留有余地，要有"防闲"之心。不过，权术深沉、胸有成竹的雍正帝是不管这一套的，人家外甥打灯笼——照旧（舅）。雍正帝之所以如此宽心，最重要的原因是他在这两个时间段内，做到了团结反年派，特别是让一些"关键少数"站在自己这一边，与年羹尧划清界限，并因势利导，完成重要位置的布局。

比如我们提到过的史贻直，时任吏部侍郎。他与年羹尧是同榜举人、同榜进士，又受到过年羹尧的举荐，可称同年故旧。雍正帝爱惜史贻直的才干，却也有些许疑虑，就找史贻直谈话，单刀直入发问："你是年羹尧推荐的人吧？"史贻直当即对答："推荐臣的是年羹尧，但重用臣的是皇上您啊！"雍正帝听后非常高兴，对史贻直转疑为信，并派他担任钦差，到年羹尧的钱袋子——山西河东盐场调查年羹尧滥发盐引、贩卖私盐的罪证，成效十分显著。

与史贻直相比，年羹尧的另一位乡试同年伊都立，更是被雍正帝用为"倒年"的急先锋。伊都立姓伊尔根觉罗氏，满洲正黄旗人。他的家族背景非常显赫，是康熙年间担任过内阁首辅的大学士伊桑阿之子、外戚权臣索额图的外孙。伊桑阿家族是满洲汉化进程最早的家族之一，伊桑阿本人十六岁即中进士（伊桑阿参加的顺治年间科举考试，是满汉分试，满人考中进士的难度不大，但在顺治年间就有参加科举考试意识并能付诸实践的满人，汉化程度不可谓不高），其子伊都立亦在十三岁的幼稚之龄考中举人，且有诗文集传世。满人贵族子弟以科举入仕，本来前途不可限量，但由于索额图的倒台，伊都立在康熙年间的仕途并不顺利，到康熙皇帝去世时，仅任职五品的内务府郎中。雍正帝即位后，伊都立平步青云，很快升至刑、兵二部侍郎，盖因其既与怡亲王允祥有连襟并兼亲家之谊，又与年羹尧有同年之故。三巨头巴结上了两个，能不发达乎？

前文我们提到，年羹尧特别看重科举同年，与伊都立的私交也不错。雍正帝为麻痹年羹尧，即任命名义上与年羹尧交好，实际是自家亲信的伊都立为山西巡抚，在川陕与京畿之间树立一道重要的防御屏障。伊都立上任后，雍正帝一面命他全面掌握山西各军事重镇如太原、大同等地的兵权，并接管山陕两省的财源重地——河东盐场；一面要求他继续做出和年羹尧同年故交的友好姿态，与其书信不断。雍正帝甚至亲自指导伊都立要用怎样的词汇吹捧年羹尧的功劳，使其放下戒心，任由老同学在自家门前大做动作。

当然，并不是每个被"放风"的对象都能如雍正帝所想的那样知情识趣。年党重要成员、雍正初年的直隶总督李维钧在接到雍正帝亲自发来的"倒年"信号后，就采取"阳为参劾，阴图开脱"的态度，试图"蒙混过关"。李维钧是浙江嘉兴人，由贡生入仕，并非科甲正途，前程也谈不上特别光明。雍正改元之初，他在直隶担任分守道，但因为与年羹尧交厚，雍正元年二月即升任直隶巡抚。雍正二年十月，随着直隶的最高长官改抚为督，他又顺势升任"天下督抚之首"的直隶总督。李维钧巴结年羹尧，采取了一个不太光彩的手段：让自己的小妾拜年羹尧的管家魏之耀为义父，然后将这个妾扶为继室、主持家政，那么他顺理成章也就成了魏之耀的女婿。以封疆大臣之尊而为年氏家奴之婿，在当时的官场士林中反响很坏。好事秀才们编排了不少李维钧夫妇的段子、打油诗，题于保定城内的酒肆茶楼，一时间沸沸扬扬。

李总督拍马屁的法子虽然直接得令人难以接受，但论为官行政，他也堪称是个有魄力有眼光的能吏。雍正初年最重要的制度改革——全面施行"摊丁入地"，就是由他建议并迅速推广的。因为这一建议，李维钧得罪了不少田连阡陌的豪族权贵，感到十分孤立。雍正帝曾命他与怡亲王允祥联络，作为靠山。但李维钧没有照做，而是越发与年羹尧交厚，凭着这个大靠山给自己壮胆。

雍正帝对李维钧的才干十分看重，曾称赞说：如果天下督抚都像李维钧这样，那么吏治民生就都不用朕发愁了。是以虽然知道他是年氏死党，但在"倒年"的过程中，仍然很希望把他拉出年羹尧阵营，为己所用。将雍正帝提醒大臣们与年羹尧保持距离的朱批按时间排序，就可以发现，他第一个提醒的人就是李维钧。雍正二年十一月，皇帝在李维钧的奏折上批道"近者年羹尧奏对事，朕甚疑其不纯，有些弄巧揽权之景况"，"朕今少疑羹尧。明示卿朕意，卿知道了，当远些，不必令觉，渐渐远些好"，"有人奏尔馈送年羹尧礼物过厚，又觅二女子相赠之说"。皇帝发了这样的话，作为"年党"的重要人物，李维钧不敢不有所表态。雍正三年初，李维钧三上弹章，揭发年羹尧"挟威势而作威福，招权纳贿，排异党同，冒滥军功，侵吞国帑，杀戮无辜，残害良民"。又说年心迹悖逆，"负恩怙恶，隐而弥彰"等等。

然而以雍正帝之精明，马上意识到，李维钧光扣大帽子却避开年羹尧的具体行事而不谈，其实是"阳为参劾，阴图开脱"。雍正帝在朱批中正告李维钧，"如欲尽释朕疑，须挺身与年羹尧做对，尽情攻讦，暴其奸迹与天下人尽知，使年羹尧恨尔如仇，则不辩自明矣""为年羹尧，尔将来恐不能保全首领也"。一个当皇帝的，将教人卖友之语说得如此浅白，也实在有失为君之道。即便如此，李维钧仍然没有断绝与年羹尧的关系——用雍正帝的话说，叫作"西安总督署前，未有隔五日不见直督李维钧之使者"。雍正三年七月，李维钧因为替年羹尧藏匿财产，及本人的贪污、渎职等罪，被奉旨逮问、革职抄家，在天津赔修仓厫，工程完竣后拟斩监候，不久就病死了。

改造川陕军政集团

在"倒年"的前两个阶段，除了在外围排兵布阵，解决"官心向背"问题外，雍正帝还本着文武有别的原则，对年羹尧的势力范围——川陕甘三省着力进行清洗。首先，对于川陕集团的武将，特别是重要武将，雍正帝不遗余力，一定要拉拢过来。其中最重要的，自然是年羹尧集团的头号大将——奋威将军岳钟琪。岳钟琪是岳飞后裔，其家族入清后世代为将，父亲岳升龙曾在康熙亲征准噶尔的战役中以三百骑护送粮草，立下大功，后常年担任四川提督，在四川军伍内威望极高。岳升龙晚年因为亏空钱粮难以偿还而遭罢官，幸有新任四川巡抚年羹尧为之说情、赔偿，才免了牢狱之灾，年、岳两家也因此结为通家之好。岳钟琪虽具军事天才，但少年学文，还以捐纳的方式获得了同知（知府的副职）一职，后经年羹尧劝说，改任武职，子承父业。他在康熙末年的入藏战争中，带领一支偏师，从云南突袭，率先抵达拉萨，立下大功，三十几岁年纪就担任了四川提督。雍正初年他又随年羹尧平叛青海，受封三等公，所封爵位之高在清代的汉人功臣中十分罕见。

岳钟琪虽是年羹尧一手提拔的将领，且以师生相视，但他少年得志、立功心切，颇肯自作主张。平叛青海之初，即自上奏折，要求皇帝准许自己便宜行事，不必在军事行动中和年羹尧保持同步。雍正帝抓住岳钟琪这一性格特点，对"离间"年、岳关系很有信心。青海平叛结束后，岳钟琪仍留在前方做军事善后工作。雍正立意"倒年"之后，即向从未谋面的岳钟琪透露了这一意图，并对其百般抚慰，保证他不但不会受到年羹尧连累，还将接替年羹尧担任川陕总督，并作为日后进军准噶尔的三军统帅。为了帮助岳钟琪与年羹尧顺利划清界限，使其不必承担背叛恩师的道德压力和舆论谴责，雍正帝甚至公开颠倒黑白，声称岳钟琪之父岳升龙是被年羹尧陷害，年、岳二人有世仇。

岳钟琪深知，除非随年羹尧起兵造反，否则，自己身为年羹尧集团最核心成员，且是掌握兵权的汉人大将，不接受皇帝的利诱、不明确表态与年羹尧划清界限，一旦年羹尧倒台，只有必死之一路。雍正三年四月，一道圣旨传来：免去年羹尧川陕总督职务，调任杭州将军，川陕总督一职由甘肃巡抚岳钟琪代为署理。雍正帝在朱批中对岳钟琪不吝赞美，称："卿乃旷代奇才，国家栋梁大器，朕虽未见卿之面，中外舆论、一路次第来历、章奏、办理事件所效之力，明明设在目前，朕实知卿之居心立志也，朕实庆喜。""陕省吏治废弛日久，兼之用兵十有余年，地方疲敝已极，总督一任非当代人物如卿者不能料理就绪，今陕甘惟卿是赖。"至此，内心激烈斗争了几个月的岳钟琪终于下定决心抛弃恩师，从西宁赶赴西安交接这方从未由汉人掌管的川陕总督大印。

当然，对于这位从未谋面的汉人总督岳钟琪，雍正皇帝终究也留了一手，在他升任川陕总督的同时，下令将他的奋威将军印与年羹尧的抚远大将军印一并收缴，送回北京。至此，川陕地区的军政结构由战争状态恢复到平时状态，雍正帝终于可以大松一口气了。

除了以岳钟琪为代表的武将外，陕甘川三省的文官也多出自年羹尧的举荐。雍正元年，皇帝任命范时捷为陕西巡抚。范时捷是汉军镶黄旗人，清朝开国谋臣范文程之孙，根正苗红的八旗勋贵。年、范二人早年相识，康熙末年，范时捷在甘肃任提督，与年羹尧的工作多有交集，关系也比较融洽。雍正帝即位后，年羹尧极力推荐范时捷，称他能在允禵的淫威下守正不阿，屡经挫辱未尝改移。雍正帝听从年羹尧的建议，任命范时捷为陕西巡抚，令其听从年羹尧吩咐办事。范时捷倒也听话，自任陕抚之后，不但政事上唯年羹尧之命是从，礼仪上也极为尊敬，甚至有"跪迎"之举，俨然以恩主待之。不过范时捷毕竟是豪门公子，单论家世，要比年羹尧强上许多，同城督抚，如此做小伏低，心中未必气平。

雍正帝计划"倒年"之初，即将范时捷从西安调回北京，改任汉军镶白旗都统。回到北京的范时捷一与雍正帝会面，立即领会了他的"倒年"意图，随后毫不犹豫地倒向皇帝，不但参奏年羹尧冒滥、挪用军需，错举官员，欺凌文武大臣等五款大罪，更首先揭发了年羹尧的得力干将、河东盐运使金启勋用兵郃阳县，致死大批无辜百姓一案，这件大案成为日后抓捕年羹尧的直接罪证。虽然依从圣意反戈一击，不过范时捷此前对年羹尧的诏媚态度终究不能令皇帝释怀，很快就被革去都统职位，赋闲回家，许多年后只以"开国名臣范氏子孙在朝竟无大员"为由获得了散秩大臣等职位，无甚大用。

事实上，连酸秀才汪景琪也知道，在西安，这位范巡抚不过是个摆设，真正在大将军面前有面子的是布政使胡期恒。胡期恒，字元方，号复斋，湖南武陵人，其祖是被范时捷的祖父范文程称为"今之许衡"的明末清初理学家胡统虞。胡期恒青少年时期住在北京，与年家有旧交，胡期恒与年希尧年纪相仿，年羹尧遂以兄事之。康熙四十四年，胡期恒中举入仕，康熙五十一、五十二年间外放遵义府通判，后升任夔州府知府、西安知府、川东道。这一阶段年羹尧正在四川、陕西担任督抚，可见二人是多年的上下级，且年羹尧一直对胡期恒尽力提携。雍正帝即位后，年羹尧马上举荐胡期恒出任陕西布政使，掌管军需重地陕西的国计民生。胡期恒素有吏干之才，为人又很持重。年羹尧在川陕张扬跋扈，

改造川陕军政集团 / 115

贱视属僚，唯独对胡期恒尚存尊敬之意，所谓"大将军故高才，少当意，乃独善复翁"。胡期恒也对年羹尧屡加劝谏，甚至杖责他横行霸道的家奴。年羹尧虽不加嗔怪，却也不肯听劝，照旧我行我素。

青海大捷后，胡期恒被年羹尧举荐为甘肃巡抚，才到任没多久，皇帝就起了"倒年"之心。很快，被雍正帝称为"年党第一人"的胡期恒就迭遭申斥。雍正三年正月，皇帝听说前后两任陕西布政使胡期恒、诺穆浑交接工作时非常草率，盖因陕西藩库内亏空库银百余万两难以填补之过。遂在朱批中怒斥年羹尧曰："诺穆浑你在京时，朕亦言过此人庸碌平常，候图理琛（下一任陕西布政使）来交盘毕，再请旨。图理琛是在广拿住你哥哥的人，叫他来拿拿你看！"首次明言自己信不过年羹尧的川陕班底，而要另调亲信，接管西北财政大权。

很快，胡期恒就因为"妄参"陕西驿道金南瑛而得重咎。雍正帝又对年羹尧破口大骂："你实在昏聩了，胡期恒这样的东西，岂是你年羹尧在朕前保举的人，岂有此理！你忍得如此待朕，朕实愧而下泣。"

雍正三年三月，胡期恒被召进北京，第一次面见雍正帝。皇帝当面威逼利诱，令他揭发年羹尧的罪行。其时君臣对峙的情形未能见诸史籍、档案，但最终的结果是清楚的：胡期恒做出了与范时捷截然不同的选择，他坚决顶住了来自皇帝的压力，拒绝揭发年羹尧。雍正帝恼羞成怒，称胡期恒"所奏皆属荒唐悖谬，观其人甚属卑鄙，岂特不称巡抚，即道、府之职亦不相称"，立即传旨将他革职下狱，直至乾隆皇帝上台才得以开释。对于胡期恒的这一举动，乾隆年间的大学问家全祖望甚为感佩，称赞他能在年羹尧墙倒众人推时不辜负故旧，实在是末俗中最难能可贵义举。

除陕甘外，四川也是年羹尧的重要势力范围。年羹尧任抚远大将军、川陕总督期间，四川巡抚先后由蔡珽、王景灏二人担任。王景灏是年羹尧一手提拔的亲信，而蔡珽与年羹尧的关系则十分复杂。蔡珽是汉军正白旗人，他的家族锦州蔡氏是清初汉军豪门，其父蔡毓荣在康熙平定三藩之役中任绥远将军，率军攻下吴三桂的大本营昆明，建立大功。然而数年后，蔡毓荣因为隐匿吴三桂孙女（一说是吴三桂的爱妾"八面观音"）之名，将其私纳为妾，遭人告发，被革职论死，后改为发配黑龙江，于康熙三十八年病故。因此，蔡珽虽然是豪门公子，但青少年时期遭际坎坷、生活困顿，亏得他学习勤奋，考中康熙三十六年（1697）进士，并入翰林院为庶吉士，算是比年羹尧早一届的师兄。

年羹尧和蔡珽同属汉军旗出身，又同为进士，先后在翰林院任职，早年应有交往。蔡珽是八旗中的清华之选，颇有才干声名，尚在藩邸的雍亲王早欲通过年羹尧的关系将其罗致帐下。不过蔡珽是遭遇过大变故之人，对参与皇子之间的

改造川陕军政集团 / 117

夺嫡斗争非常谨慎，一直没有接受雍亲王的橄榄枝，直到康熙六十一年出任四川巡抚时，才通过年羹尧长子年熙牵线，在热河与雍亲王相见。由此亦可见在康熙年间，年、蔡两家的关系是很不错的。雍正帝即位后，大约也出于年、蔡有旧交，便于一起开展工作的考虑，将蔡珽留在四川巡抚任上，作为川陕班底的主要成员筹备对罗卜藏丹津的作战。

不过，蔡珽其人，能以罪臣之子一跃通过科举翻身，显然不是个甘居人下之人，史籍中称其"素负才而专己"，即自恃才高、独断专行。年羹尧性情傲慢，对待下属颐指气使，别人还则罢了，蔡珽较其年长资深，能力也不弱，哪里就能够轻易买账？这样一来，工作中自然多所抵牾，进而生出怨恨，不但早年交情烟消云散，还在皇帝面前互相拆台。年羹尧屡次上奏，说蔡珽"言语行事与当日在翰林院时截然两种""半载以来，臣深知蔡珽于川省无益"，极力要将蔡珽挤出四川，改由自己的亲信王景灏接任川抚。而蔡珽也不甘示弱，四川政务往往不与年羹尧商议，就独自上奏。年羹尧青海大捷之后，在与蔡珽的关系中已占据绝对优势，雍正帝遂一力支持年羹尧，要求蔡珽"一切动本处皆与年羹尧商量后再举行""凡如此等可缓为之奏，与年羹尧商量再奏，省得乱记"。二人由此更加针尖对麦芒、冰炭不同炉。

雍正二年七月，年羹尧以"鼓铸案"、"蒋兴仁案"等事，将蔡珽一举参倒，革职逮捕，押送北京刑部受审，随即以"川抚员缺关系紧要"为由,立刻奏请由王景灏取而代之。然而自古天意高难问,蔡珽在四川问罪之日,年羹尧还是皇帝口中笔下的功臣恩人,等蔡珽押到京师刑部大狱里一住,那边厢皇帝已经着手搜集罪证,拉开了"倒年运动"的大幕。说来蔡珽真是托了古代交通不便的福,要是当年就有飞机、高铁,成都、北京一日往返,他就是想翻案也不能了。

雍正三年正月,皇帝亲自提审已革四川巡抚蔡珽。蔡珽借此机会,"力陈己之屈枉,及平日抗拒年羹尧以致被谤之处";另外,特别提及了年羹尧"贪酷残暴各款"。蔡珽作为川陕官场核心成员,又与年羹尧旧识,显然能够交代出不少让皇帝觉得可资利用的信息。于是雍正帝立刻下旨,以蔡珽的罪名是年羹尧那个坏人参奏的,必定不是事实为名,免去蔡珽所有罪名,授为都察院左都御史,随后又不断为他加官晋爵,令其同时兼任吏部尚书、兵部尚书、直隶总督等重要职务,一时"身任六官,信用之专,在廷无比"。蔡珽受到皇帝这一番"鼓舞",当然在"倒年运动"中负弩前驱,格外卖力。

既然说到这里,我们不妨再交代一下蔡珽以后的经历。蔡珽少年时就有父亲从紫袍金蟒到披枷带锁的记忆,中年后又亲身经历了一回,想来心理创伤不小。这次赶得巧,靠着揭发权臣否极泰来走向人生巅峰,大约给了他很大的启发，从此开始了一条专门挑战权臣宠臣之路，以此向皇帝展现自己的忠诚。雍正三年底，红极一时的新任川陕总督岳钟琪进京陛见。蔡珽一边向雍正帝称岳钟琪"叵测"，不能信任；一边借助任职直隶总督的便利，向在保定住宿的岳钟琪密告，说怡亲王允祥对他很不满意，让他小心行事，导致岳钟琪入京之后心神恍惚、惶惶不可终日。后来，雍正、允祥、岳钟琪三人就此误会私下通了气，蔡珽几头挑拨的事就暴露了。

稍晚时候，蔡珽又被雍正帝认为联合本科同年，与当朝另一位红人、河南巡抚田文镜开战。田文镜是监生出身，被雍正帝一力提拔，在朝中没有其他依靠。田文镜在河南任上行事严苛，与科举出身的官员结怨不少，却为雍正帝所袒护。而科举同年抱团"欺负"非科举出身的"实干派"督抚，则大为雍正帝所忌讳。本来宠信田文镜的雍正帝一不做二不休，坚决为田文镜撑腰，将蔡珽等人斥为"科甲朋党"。更有甚者，权势正盛的蔡珽一度对怡亲王允祥也颇有微词。当时京畿地区发生了严重的洪涝灾害，允祥奉命巡视畿辅、赈济灾民，沿途根据"拦舆百姓"提供的线索，参劾了不少直隶地方官。蔡珽就此密奏皇帝，言辞中颇有责怪允祥少见多怪、过度插手地方政务的意思。这样的说法传到允祥耳中，其结果可想而知。

从掀翻红人中受益，而后挑战红人上瘾的蔡师兄，风光了不到两年，就一头栽倒，迭遭惩处。雍正四年底，蔡珽以十八款大罪被判斩监候。除了新加的罪名，如构陷岳钟琪、诬参田文镜等外，之前被年羹尧参奏过的很多罪名也被重新落实，旧瓶新酒，毫不糟践。直到乾隆皇帝即位，蔡珽才被从监狱中赦免出来，于乾隆八年（1743）悄然离世。

年案的爆发在雍正帝是胸有成竹，但在群臣看来，却是如此的突如其来。短短几个月时间，多少人"因嫌纱帽小，致使锁枷扛"，多少人"昨怜破袄寒，今嫌紫蟒长"。譬如以上范时捷、胡期恒、蔡珽三位，无论在选择中怎样挣扎，归宿均属不佳。命运摆在这里，只有留给读者们嗟兮叹兮了。

逮捕进京

从雍正三年四五月起,年案进入第三个阶段,这一阶段持续到当年十一月,以免去年羹尧抚远大将军、川陕总督,改调杭州将军为始,以将其免去所有职衔,锁拿进京告终。在这期间,雍正帝严格按照《大清律例》和吏部《处分则例》的规定,以及相应的法律、行政程序,以各种罪名,将年羹尧的爵位从一等公降为二等公,从二等公降为三等公,再降为一等精奇尼哈番(汉语意为子爵),再降一等阿思哈尼哈番(汉语意为男爵),再降一等阿达哈哈番(汉语意为轻车都尉),再降一等拜他喇布勒哈番(汉语意为骑都尉),最后革去爵位;将其职务差遣,由川陕总督改调杭州将军,再降为闲散章京,最后全部革去。

这一阶段,内外大臣针对年羹尧的弹章雪片一样飞向北京,各个方面的证据也基本落实清楚。雍正帝将这些章奏原封发给年羹尧本人,令他逐条"明白回奏"。对于皇帝的步步紧逼,年羹尧显得应接不暇,甚至不敢相信雍正帝真的会把自己摆到对立面。年羹尧一向有心脏病,在西宁守城时曾经发作,雍正帝以"天王补心丹"相赐,对他的病情十分了解。从北京回到西安后,年羹尧接连遭到皇帝斥责,心情紧张,旧疾复发。他在奏折中自称雍正三年入春以后,自己饮食减少,夜不能寐,二月初吐血三次,渐觉头晕,办事也力不能支,到三月病势稍好,但身体瘦弱。岳钟琪也在奏折中证明年羹尧确实面色苍白、躯体瘦弱,身体状况尚不如在西宁守城时,但雍正帝看到这样的说法,很不买账,认为他是以生病为托词,不肯正面承认自己的过错,遂批以"你的精神再不得短少""凡有言及你病者,朕皆难信矣,况你再不得病?不用这些作为,君臣彼此徒寒心耳"。

雍正三年四月十八日,年羹尧接到吏部咨文,得知自己被免去川陕总督一职,改调杭州将军。对于这样的结果,年羹尧极难接受,他知道一旦被剥夺兵权,离开川陕大本营,就再也没有和皇帝讨价还价的条件了。于是,他一面按惯例写下谢恩折子,说自己庸碌之资,担任封疆日久,又值重病,昏聩日增,办事经常出错,现在皇帝将他调到杭州将军这个"简缺"上来,是爱护、保全他,他也能有机会调治身体,对此非常感激云云。而与此同时,年羹尧又暗示西安地方官组织了一个规模不小的"保留"活动,想借"民意"给北京施加压力。在一般人看来,这样的做法是个危险的信号,似乎是年羹尧意欲殊死一搏的前兆。

对于年羹尧的说法和做法,做了充分准备的雍正帝应对十分自如。他先在年羹尧的"谢恩"折上长篇累牍大发诛心之论，说：

> 朕闻得早有谣言云"帝出三江口，嘉湖作战场"之语。朕今用你此任，况你亦奏过浙省观象之论。朕想你若自称帝号，乃天定数也，朕亦难挽；若你自不肯为，有你统朕此数千兵，你断不容三江口令人称帝也。此二语不知你曾否闻得？
>
> 再你明白回奏二本，朕览之，实实心寒之极！看此光景，你并不知感悔，上苍在上，朕若负你，天诛地灭；你若负朕，不知上苍如何发落你。你我二人若不时常抬头看，使不得。你这光景是顾你臣节，不管朕之君道。行事总是讽刺文章，口是心非口气，加朕以听谗言、怪功臣。朕亦只顾朕君道，而管不得你臣节也。只得天下后世，朕先占一个"是"字了。不是当要的主意，大悖谬矣！若如此，不过我君臣止于贻笑天下后世，做从前党羽之畅心快事耳。言及此，朕实不能落笔也。可愧！可怪！可怪！

这则朱批的后半段可谓对年羹尧此前一切解释的全面否定，认为他口是心非，即便认错也是暗含讽刺，内心里还是责怪皇帝听信小人谗害功臣之言，并将自己的"君道"与年羹尧的"臣节"彻底对立起来，指天誓日，要先占一个

"是"字，彻底将年羹尧证成大奸大罪之人。而前半段更是挑明了年羹尧的最大威胁是"称帝""造反"，什么调你任杭州将军是让你休身养息、减少公务啊，你编排得倒巧！朕就是听说那里有造反的谣言，偏要派你这个有本事造反、也有本事镇压造反的人去，何去何从，听君自便。

与此同时，皇帝积极布置新的川陕班底，特别是军事班底，除任命已经转换阵营的岳钟琪接任川陕总督外，还将那位比年羹尧更有资历出任大将军的宗室贝勒延信也调到西安城，担任西安将军，统领西北的驻防八旗。当年羹尧发现，奉皇帝之命来到西安向自己逼宫、接替自己担任川陕总督的竟是岳钟琪时，他明白地意识到，自己的川陕军政集团已经被雍正帝彻底瓦解了。

年羹尧离陕之前，与岳钟琪有几次私人对话，被岳钟琪一一上奏给雍正皇帝。如六月十三日，年羹尧对岳钟琪说："我的事皇上曾有谕旨否？你我相与一场，你须实实告我。"

岳钟琪答曰："并无。"

年羹尧随后哭泣不止，感叹："我将来身家性命是不能保了……我的病不好，每夜出汗，饮食减少，身子很弱。"岳钟琪不过虚言安慰说："皇上天高地厚之恩，不即加罪，调升将军，从此若能悔罪改过，诸事安静，自然无事了。"

十六日，二人又一次单独会面，年羹尧说："我们交代之事已毕，我明日起身，又有一件事托你。我的两个儿子，一名年富,一名年斌,河东盐商傅斌,即此二子之名捏的,求你照看。"

岳钟琪回道:"河东盐务现有钦差部堂审理,令郎未必能行盐了。"

年羹尧说:"如不行就罢了。我的事凡可照应者,务求照应。"

岳钟琪回答:"君恩友义,轻重自分。无论事之大小,断不敢隐晦存私,诸事总在圣恩,照应二字不敢如命。"

以这两组对话观之,直到离开西安前,年羹尧对与岳钟琪的私人友谊仍抱有很大幻想,对雍正帝的态度也没有做最坏的打算,而经过这样的对话,他想必是醒悟了不少。同城之内,岳钟琪、延信两把利剑高悬在他的头上,让他不得不俯首听命,黯然离开西安。

因为有了这样的底气,雍正帝对于年羹尧策划的"万民保留大将军"活动嗤之以鼻,甚至大开嘲讽,说:总督的本品是二品,而将军是一品,我这是给你升官啊,你何苦这样恋恋不舍呢?

年羹尧离开西安后,一边应付着那些要他"明白回奏"的责问,一边一路东向,两个月后来到了运河上的重要一站——江苏仪征。按照旨意要求,他应该从仪征乘船,向南前往杭州上任。但年羹尧无论如何不敢相信自己当前的处境,大概也如雍正帝所说的,他像文学作品中常见的主人公那样，感到自己被奸臣陷害，又没有机会到御前剖白倾诉，所以落到这个下场。于是他抱着一线希望滞留仪征不行，上书雍正帝，请求沿运河北上，进京面圣。

显然，年羹尧的这个救命稻草抓得并不明智，反而又给雍正帝抓住了把柄。皇帝当即表示：怎么着？都到了这个份上，你还想着将在外君命有所不受？还舍不得大本营西安？你如今车马楼船、家人上千，停留在运河要津、南北通衢之地，还要北上入京，是何道理？既然给你脸不接着，那好，杭州将军你也不用当了，干脆降为闲散章京，在杭州旗营内听候新任将军安置吧！

雍正三年七月，在皇帝的授意下，内阁、九卿、詹事、科道等官根据现有公开证据，合词奏请将年羹尧诛戮以彰国法。雍正帝称之为"在廷公论"，但对此建议仍然不置可否，而是命内阁下旨询问各省将军、督抚、提督、总兵的意见，要求他们公开具题，表达对年案的态度。九月，雍正帝以年羹尧曾派兵在陕西郃阳镇压盐枭，致死平民八百余人为由，下旨将年羹尧革去全部职衔，锁拿进京，交三法司问罪。年案的舆论准备、证据搜集阶段结束，正式进入司法程序。

九月十六日，雍正帝派出的抓捕年羹尧特使、散秩大臣拉锡从北京出发，走陆路，一日兼行四五个驿站，八天时间就到达了江苏淮安府，随后改用快船，五天四夜抵达杭州。到杭州后，拉锡并未进城，而是让随从秘密找来浙江巡抚福敏与杭州将军鄂弥达，商量在当夜对年羹尧实施密捕，以备不测。一切布置停当后，三人于深夜进入杭州满城，在将军衙门严阵以待。

此时身为旗下闲散章京的年羹尧被安排看守杭州城的东门——太平门。根据《钱塘拾遗·杭州古城墙琐谈》记载，太平门又名庆春门，建于元末明初内有太平桥，又经庆春路抵达西湖，是个十分繁华热闹的所在。当夜正赶上年羹尧值夜班，拉锡等派去的差人来到太平门，叫醒已经入睡的年羹尧，诳他说北京有使臣到普陀寺进香，现在城内将军衙门住下，让他去见见面。很快，年羹尧就随着差人来到了将军衙门，进入大堂后见是拉锡，大约也猜出个所以然来——这哪里是什么普陀寺进香使者？明明是仇人相见，分外眼红。

拉锡是蒙古人，本来出身不高，后来奉康熙皇帝之命，探访黄河源头的地理民风，成为清廷内部的青藏地区问题专家，备受重用，雍正初年官至都统。年羹尧用兵青海期间，拉锡是雍正帝身边的核心军事顾问之一。在雍正帝给年羹尧的朱批中，拉锡这个名字，多次和怡亲王允祥、国舅隆科多并列出现。对此，年羹尧极为不满，他甚至公然向雍正帝提出，不要将自己汇报的军事机密透露给拉锡这个曾经造访过青海各部的蒙古人，万一他是罗卜藏丹津的间谍呢？照理说，年羹尧的这个要求实在有些无礼，皇帝就算再信任前线将领，也不妨碍他和自己的军事顾问讨论战事。作为将领，如果连这个也要干涉，甚至无端质疑一个中央高级官员是敌方间谍，未免太过僭越，且是对皇帝本人的不信任。奈何战事期间，雍正帝对这位"恩人"百依百顺，连这样不合情理的要求也欣然采纳，并让年羹尧放心：其实你告诉我的很多事情，我都没有告诉拉锡！如胶似漆时如此，等一翻脸，以雍正帝的惯常做法，自然第一时间就将年羹尧的这些言论向拉锡和盘托出以离间之。此次又命拉锡出任逮捕特使，想其定能不辱使命了。

拉锡等人在杭州将军衙门向年羹尧宣读收押他的旨意后，即将年羹尧锁拿并带至其在杭州的住所，连夜抄没家产，逮捕其妻妾子女家奴等人。据拉锡后来的奏折中说，年羹尧在抄家过程中表现得十分强硬，呵斥自己的儿子们："有什么好怕的？"抄家结束后不但吃嘛嘛香，还与看守官兵谈笑风生，并在拉锡向他询问是否有往来书信时毫不在乎地说："谁还没有一点私事，书信我都烧了！"拉锡在奏折中评价他是"似蒙冤愤愤、自充好汉""如强盗、光棍拿赴市曹高歌之人"。拉锡与年羹尧本有宿怨，奏折里添油加醋，将年羹尧形容得十分傲慢，以激皇帝之怒的可能性有之；但就年羹尧本身的脾气禀性，面对他一贯看不上的拉锡的羞辱，强顶一口英雄气，虎死不倒威，也在情理之中。

十一月初五日，年羹尧及其家属被解送到京，关入刑部大牢，"倒年"进入最后阶段。事情发展到这一步，年羹尧及其军政集团对于政权的威胁，已经彻底消失了，接下来的问题是雍正皇帝究竟要将年羹尧如何开销。是议功议贵，吓唬一通让他告老致仕？还是流放边陲、老死囹圄？抑或真的痛下杀手，让他在四十多岁就一命归西？

清代法司给犯罪官员拟罪向来有这样的规律：对于中低级官员的一般职务犯罪，比如经济问题、渎职舞弊，等等，能轻判绝不重判。所谓官官相护，给自己留有余地是也。而对于高级官员，特别是权贵重臣所犯的带有政治色彩的、震动天听的罪行，则要从重定拟，越重越好，绝不嫌重。一来省得皇帝怀疑法司对其党同回护；二来就算皇帝有心从宽，也要"恩自上出"，由皇帝特旨从宽。如果法司拟罪本宽，那恩来无由，皇帝就做不成人情了。

年羹尧一案，当然属于后者。整个十一月内，各地文武大臣的题本陆续送到北京，结果是众口一词、同声一气："疏参年羹尧欺妄贪残、大逆不道，请亟正典刑。"皇帝对所有的题本均不置可否，只批以"该部知道"四个字。刑部大小官吏开足马力，通宵赶稿，终于不负众望，给年羹尧安排了九十二款大罪，经议政王大臣会议全体通过，提交到雍正皇帝面前。正在刑部上下案积如丘、加班加点的时候，一个敏感的小插曲出现了。礼部突然接到上谕，说：

> 贵妃年氏，秉性柔嘉，持躬淑慎。朕在藩邸时，事

朕克尽敬慎,在皇后前小心恭谨,驭下宽厚平和。皇考嘉其贵重,封为亲王侧妃。朕在即位后,贵妃于皇考、皇妣大事悉皆尽心尽礼,实能赞襄内治。妃素病弱,三年以来朕办理机务,宵旰不遑,未及留心商榷诊治,凡方药之事悉付医家,以致耽延日久。目今渐次沉重,朕心深为轸念。贵妃着封为皇贵妃,倘事一出,一切礼仪俱照皇贵妃行。

上谕由内阁拟写,经雍正帝亲笔批改。内阁所拟原文中写得是"著封为皇贵妃,一切礼仪俱照皇贵妃行"。所谓"一切礼仪"可以理解为衣食住行种种仪制,而无所特指。而雍正帝在"一切"二字之前,亲笔增添了"倘事出"三字。所谓"事出",当然是指年贵妃一经去世的情况,而"一切礼仪"也就变成一切丧葬礼仪。可见此时的年贵妃已经危在旦夕,晋封皇贵妃的举动,对她算是个临终的安慰。

那么,年贵妃的病重和去世,对于年羹尧案的进展会产生怎样的影响呢?我们下一篇继续探讨。

年公最小偏怜女

在年氏家族中,年羹尧其实是一个不太典型的存在,他骄傲强硬的性格,与其父兄姊妹迥异。是以很多野史都乐于八卦年羹尧的身世,说他只是年遐龄抱养的儿子。

年羹尧的父亲年遐龄为人谨慎小心,所以宦途比较平顺。他于康熙四十三年(1704)从湖广巡抚任上退休后,常年居住在北京,和女婿雍亲王的交往应该是比较多的,关系也比较融洽。在那封著名的《和硕雍亲王谕年羹尧书》中,胤禛就对年羹尧跳脚大骂,说你抗拒本主、不听父训,所以不但惹我生气,还让你的老父年遐龄又惊又气,以至于当我把你那些不知道天高地厚的书信给他看时,他惊吓得哭骂愤恨,痛斥你胆大妄为,甚至当着我的面晕倒在地。如果不是雍亲王过于夸张,那么可以想见,年遐龄的为人确实比较谨小慎微。

"倒年"开始后,对年羹尧步步紧逼的雍正帝对年遐龄倒是采取了一些安抚措施,尽量将其父子切割处理。雍正三年底,九卿会议讨论年羹尧罪名时,拟以年遐龄连坐。大学士朱轼秉承雍正帝的意思在会议上发言,说年遐龄为人忠厚老实，不但没有参与年羹尧的悖逆活动，还多次对年羹尧进行训诫，已经尽到了做父亲的责任，以子坐父，于情理不合，建议不要株连。

年遐龄的长子年希尧在性格上颇肖乃父，胆子也比较小。除了胆小之外，这位博学广识的科学家还有些"呆"气，被妹夫胤禛称为"呆公子"。年希尧爱好广泛、智慧过人，但是当官很不上道，终日在官舍里看戏聚饮，不肯勤于政务不说，对官场上的分寸拿捏、轻重缓急，也一直弄不大懂。

雍正年间，年希尧虽已官至巡抚，仍然不熟悉行政流程。他赴广州上任前，怡亲王允祥曾交托他办一件事。对于这样重要人物交代的事情，换了其他人，必定重视得无以复加，早请示晚汇报是免不了的。然而年希尧迷迷糊糊，一拖就是一年多，好不容易想起来还有这件事，也是胡乱应付一下，甚至没有用正式文本进行回复，而是写了几句嘱咐的话，交给家里奴仆，上京时顺便到王府回话。主人天日不醒，奴仆也晕头转向。这位老兄来到北京后，径直将小纸条送至王府签押房，递交给怡亲王。此事传到雍正帝耳朵里，年希尧自然躲不过一顿臭骂，说他"如此无知，笑话之甚""打错了呆主意""看你这才情，如何办一省繁冗"。不过，雍正对年希尧的骂总是有些亲戚朋友间恨铁不成钢的意思，和对年羹尧那样的跳脚大骂是很不一样的。

"倒年"公开化后，年希尧被免去广东巡抚职务，调回北京，担任工部侍郎，但主管工部的廉亲王允禩自身难保、表态心切，遂以工部全体官员的名义上奏，表示不愿与逆臣之兄做同事，请求将年希尧调离。而随着年羹尧被押送到京，刑部开始不断要求年希尧到堂，就一些问题和年羹尧当面对质。在这样的精神高压下，"呆公子"年希尧却表现出了很有骨气、有情义的一面。他写奏折告诉雍正帝：自己与年羹尧是亲兄弟，虽然他现在犯了大罪，我对他的很多行为一直也比较反感，但本着亲亲相隐的原则，我不能去和他当堂对质，更不能为了自保增加他的罪名。如果我这样做了，我八十几岁的老父亲会非常难过。若皇上因此怪罪于我，我只好万死不辞了。

　　一直致力于撺掇"年党"核心人士揭发批判年羹尧的雍正帝，最终接受了年希尧的这一请求，避免了一场违背儒家价值观的伦常之变。在年案定罪的最后关头，雍正帝针对年遐龄、年希尧父子发布上谕说："年羹尧刚愎残逆之性朕所夙知，其父兄之教不但素不听从，而向来视其父兄有如草芥。年遐龄、年希尧皆属忠厚安分之人，着革职，宽免其罪。"不过，这种革职只是临时做做样子，年希尧很快实现了再就业，被特别了解雍正帝心意的怡亲王允祥"收留"，担任景德镇御窑厂监督，与允祥负责的养心殿造办处合作，研制开发享誉中外的雍正瓷。雍正五年（1727），年遐龄病故，雍正帝下旨以其原有的官品礼葬，彻底恢复名誉。以上种种，显示出雍正帝在对年羹尧痛下杀手的同时，对待年氏家族的其他主要成员，还是采取了一定保护措施，尽量避免打击范围扩大化。

雍正帝厚待年遐龄、年希尧父子，应与他对年贵妃的感情有一定关系。贵妃是年遐龄幼女，亦与父亲、长兄性格相类，为人温和小心，从不恃宠而骄、干预政事。民国时期的财政总长夏仁虎热衷于清宫掌故，曾作《清宫词》，记述清代宫廷故事。其选材多有所本，如《实录》《宫中现行则例》及内廷大臣的文集、笔记等等，非一般的野记稗史可比。雍正朝部分共九首，其中第三首提到了年贵妃，诗云："六宫总摄被玄纁，天后銮仪一半分。敦肃独全终始礼，家书不发大将军。"后有小注："清宫制，后以下皇贵妃最尊，可总摄六宫事，即副后也。宪宗（应为世宗宪皇帝）敦肃皇贵妃，年遐龄女，大将军年羹尧妹，最谨慎，偶有家书，必先呈御览，故得全始终礼。"诗中描述的情形，基本可以反映年贵妃的生活状况和行事作风。

年贵妃嫁入雍亲王府后，十年时间生育了三子一女，但大多夭折，到雍正三年时，仅余一子，名福惠，年五岁。雍正帝的嫡子早亡，雍正初年在世皇子都是庶出，共四人，其中长子弘时是齐妃李氏所生，素不为其所喜。雍正四年，皇帝以弘时少年放纵、行事不谨为由，将这位长子过继给自己的死对头允禩为子，并很快随允禩一起被开除宗籍、贬为庶人。一年后，年仅二十四岁的弘时就郁郁而终了。雍正帝在子嗣不振的情况下，以含糊的理由对唯一成年的长子痛下狠手（他的次子弘历此时只有十五岁，尚未成婚，不能算作成年），背景十分可疑。目前仅知，弘时曾向年羹尧索贿一万两白银，在年案爆发后被揭发出来，至于其他放纵不谨之事尚不得确证。

弘时之下有皇子弘历、弘昼，二人年纪相仿，都是雍亲王藩邸没有"编制"的妾所生。不过，弘历生母钮祜禄氏是满洲正身旗人之女，弘昼生母耿氏是镶白旗包衣辛者库人之女，所以在雍正即位时，前者被封为熹妃，后者被封为裕嫔，拉开了档次。雍正年间，皇帝对弘历、弘昼二人的态度、待遇，始终不分轩轾，尽量不给人厚此薄彼、有所偏爱的印象。

与弘时等三人相比，福惠不但生母地位更高、母家势力更大，本人也更受到乃父宠爱，一直被雍正帝带在身边培养。无论朝鲜使臣还是清宫西洋传教士，都观察到雍正帝对福惠的特殊宠爱，朝鲜人甚至将其视为储君人选。对于福惠的特殊地位，我们可以举两个例子予以说明。

雍正六年，大部头官修类书《古今图书集成》告成，首次刻印的《集成》按用纸的不同分为两个档次，高级的是棉纸书，共十九部；差一些的是竹纸书，共四十五部。十九部棉纸书中的一部供奉寿皇殿，九部收藏在乾清宫，其余九部则分别赏赐给了雍正帝认为最重要、最亲信的宗室成员和内外重臣，包括：怡亲王、庄亲王、果亲王、康亲王、福惠阿哥、张廷玉、蒋廷锡、鄂尔泰、岳钟琪每人一部。四十五部竹纸书中三十部收藏宫中，十五部分赏给次重要的王公大臣，包括：诚亲王、恒亲王、咸福宫阿哥（康熙帝幼子）、元寿阿哥（弘历）、天申阿哥（弘昼）、励廷仪、史贻直、田文镜、孔毓珣、高其倬、李卫、王国栋、杨文乾、朱纲、嵇曾筠每人一部。年仅八岁的福惠是当朝皇子中唯一获赐棉纸书者，待遇高于其兄弘历、弘昼。

雍正六年九月，八岁的福惠夭折了，雍正帝极为悲痛。按照清代制度，皇子、公主如果幼年夭折，丧葬礼仪都是很简略的。这让爱子心切的雍正帝难以释怀，他特意下旨，以亲王之礼为八岁稚子办理丧事。两年后，怡亲王允祥病逝，雍正帝在怀念贤弟的上谕中提到了这样一段故事，他说："即如从前八阿哥之事，彼奸邪小人之意中，亦必以为朕心之痛至于不可解矣。岂知朕衷自有主见，安肯效庸众之人为无益之悲耶？但八阿哥之事乃朕父子之私情小节，可以即时摆脱，不使萦绕于怀，而怡亲王之事，则有不同者……"这里面提到的八阿哥，就是福惠。所谓"朕心之痛至于不可解"的说法，虽然被批判为"奸邪小人之意"，但福惠的死让雍正帝痛苦难当以至于看起来有些失态，应是事实无疑。福惠八岁夭亡，能表现出的个人资质非常有限，而居然得到雍正帝如此宠爱，其中必然有推母氏之恩的意味。可见雍正帝虽然整体上对后宫生活比较淡漠，男女情爱在他的一生中，特别是帝王生涯中占据非常次要的位置，但对于年贵妃母子，他还是倾注了较多感情。

年贵妃体质虚弱，生育频繁，子女连续夭折。雍正帝即位时，她正在怀孕初期，因为大丧期间过于劳累，在怀孕七个月时小产。但仅仅一个月后，雍正帝的生母孝恭仁皇太后去世，如欲力疾尽礼，想必又受累不少。此时的年贵妃虽然只有不到三十岁年纪，但身体状态和精神状态不佳，应付繁复的宫廷礼仪感到力不从心。雍正初年，她虽然身居高位、圣眷优隆，在内有子傍身，在外有炙手可热的家族，特别是不可一世的兄长，但对一个读书知史、性情谨慎的女子来说，恐怕也难免忧谗畏讥的焦虑。所谓"家书不发大将军"，就具有强烈的表态意味。

自雍正三年开始，形势陡转，年氏家族突然面临灭顶之灾。这一年的十月，年羹尧已经关押刑部大牢，年遐龄、年希尧等人也前途未卜。年贵妃即便居住深宫，无法全面了解娘家成员的境况，但如此泼天大案，各种只言片语、小道消息，大约也会源源不断传入她的耳朵，加剧她的痛苦忧虑。在这种时候，哪怕皇帝完全没有迁怒她的意思，二人的相处也会变得尴尬无比。哪怕电视剧里表现的那些猥琐丑陋的宫廷斗争情节完全不存在，她的身心处境也已经足够艰难，本来一个多愁多病身，自然越发羸弱。

据《永宪录》记载，雍正三年十一月初八日，贵妃本应随皇帝回到紫禁城（准备到景陵进行祭祀活动），但因为"不怿"，即病情严重不愈而留在了圆明园。十五日，皇帝下旨晋封贵妃为皇贵妃。二十三日，年贵妃病逝于圆明园，雍正帝下旨辍朝五日，赐谥"敦肃"，丧礼按照皇贵妃的高规格进行。治丧期间，礼部官员因为备办皇贵妃仪仗草率出错，都受到了点名批评，并给予相应处分。另外，雍正八年怡亲王允祥治丧期间，雍正帝唯一在朝的亲哥哥、诚亲王允祉因为"迟到早散，无哀泣之色"而遭严谴。在痛陈允祉的罪状时，雍正帝又让大臣们翻出陈芝麻烂谷子，提道："从前皇贵妃丧事，允祉当齐集之期，俱诡称有另交事件，推诿不前。及前年八阿哥之事，允祉欣喜之色倍于平时，此其恶逆之罪一也。"这样的处理昭示着雍正帝的心态：我痛恨年羹尧，但这并不影响我对皇贵妃的态度与评价，如果其他人胡乱逢迎或是别有用心而对她有所轻慢，我是绝不能够允许的，甚至可以记恨多年。

当然，对雍正帝这样一个天生的政治人物来说，年贵妃的死或许让他一度伤情、愧疚，但丝毫不能阻止他的"倒年"活动，甚至可能起到了加速作用——让这件事尽快有个了结吧，大家都已经筋疲力尽了。

虎入年家

那么，雍正帝到底想不想置年羹尧于死地呢？按他自己的说法，本来是不想的，在某一段时间内甚至"宽意已定"。但是一件突发的"从古罕闻之事"改变了他的看法，让他对年羹尧"正法意决矣"。这是一件什么事呢？我们先来看看雍正帝自己的叙述。他在朱批上这样说：

> 一件大奇事！年羹尧之诛否，朕意实未决。四五日前，朕宽意已定，不料初三白日，一虎来齐化门外土城关内地方，报知提督，带新满洲，虎已出城外河内苇草中。新满洲到已晚，伊等周围执枪把火看守。半夜忽然突出，往南去，从东便门上城，直从城上到前门下马道，入大城，并未伤一人，立入年羹尧家，上房。至天明，新满洲、九门等至其家，放鸟枪；虎跳下房，入年遐龄后花园中，被新满洲追进，用枪扎死。有此奇事乎！年羹尧，朕正法意决矣。如此彰明显示，实令朕愈加凛畏也。朕实惊喜之至！奇！从古罕闻之事也。朕元年得一梦景，不知可向你言过否？白日未得一点暇，将二鼓，

灯下书，字不成字，莫笑话。

按照雍正帝的叙述，雍正三年下半年的某月初三，北京城发生了奇异事件。在这一天，一只不知来自何方的老虎，云游到了朝阳门外。要知道，朝阳门是北京内城的正东门，门外是一马平川的华北大平原。朝阳门在元朝时叫齐化门，明清时期是漕粮进京的必经之路，故民间又称为"奇货门"，其繁华富庶、人烟辐辏，大概与今天的上海外滩、北京金融街相类。就算当年东北虎还不是濒危动物，还时常出现在北京西北部山区，但跑到人口如此密集的朝阳门，一路无人发觉报官、组织围捕，也够奇怪了吧？后面还有更奇怪的。那就是百姓发现老虎后，向步军统领衙门报告。步军统领衙门长官高度重视，亲自率领在野外围猎时职业杀虎的新满洲兵丁赶到现场。不过，此时的老虎像游击战士一般，已经完成隐蔽工作，藏身城外河内芦苇丛中，成功躲过追捕。步军衙门的广大官兵也没有办法，只好包围了老虎藏身区域，持枪举火，严阵以待。

哪料到这只老虎忒是智勇双全，白天在芦苇荡安营扎寨，到了晚上，趁着夜色，一跃突出包围圈，向南奔去，取道东便门，蹿上城墙。清代的东便门台城连上城楼高达十二米，足见该虎身体之矫健。老虎深更半夜在城墙上一路南行，从东便门溜达到了前门，随后由马道下城，像开了导航定位一样,直入年羹尧家中,且一路上人挡闪人,佛挡闪佛,纪律严明,秋毫无犯。老虎来到年家后,既不吃人,也不伤畜,只是蹲上房顶,生生待了半宿。次日天明,步军衙门官兵闻讯来到年羹尧家,向房顶上的老虎鸣鸟枪示警。老虎从房顶上跳下,跑到年遐龄居住的后花园内。步军衙门官兵一拥而上,终于用枪把老虎扎死了。

这么一个比全程跟拍视频还全须全尾、有鼻子有眼的故事,见于雍正帝与直隶总督蔡珽的奏折聊天记录。故事讲完后,雍正帝向"倒年先锋官"蔡珽大发感慨,惊叹:"有此奇事乎!年羹尧,朕正法意决矣。如此彰明显示,实令朕愈加凛畏也。朕实惊喜之至!奇!从古罕闻之事也。"感慨发过之后,又加了一句很蹊跷的话:"朕元年得一梦景,不知可向你言过否?"所谓元年梦景,蔡珽在回复的奏折中有所解释,是说雍正帝在元年时就有梦虎之事,并曾对自己提起。至于梦见老虎做什么,怀疑是什么征兆,则没有细说。不过当时民间传言,年羹尧出生时有白虎之兆,那么不论是皇帝元年梦的虎,还是这次被打死的虎,自然都是年羹尧的象征了。蔡珽奏折还显示,讲完故事、发完感慨的雍正帝轻松愉悦,又老朋友闲话般来了一句:"白日未得一点暇,将二鼓,灯下书,字不成字,莫笑话。"

不巧,蔡珽的这份奏折属于折、封分家的情况,即:上奏的日期写在了封面上而非奏折内,后来封面遗失了,这件奏折就被归于"无日期奏折",难以确定书写和批复时间。我们只能通过蔡珽署理直隶总督的时间,判断这件事发生在雍正三年阴历九、十、十一、十二月,这四个月中的某个初三。再结合具体描述,想想北京隆冬腊月,河面冰封,老虎要是还能藏在芦苇荡里,这瞎话未免编得太不圆满,于是我们可以把事发时间限制在阴历九月初三或十月初三。

除蔡珽奏折外,雍正年间的权威文献、档案,如《雍正朝起居注》《上谕档》,以及涉事大臣如步军统领等人的奏折内均未见关于此事的记载。反而到了乾隆年间,一个名叫萧奭的扬州小文人在他的笔记《永宪录》中提到了这件事。萧奭说:

（雍正三年十月）戊辰（初四）,野虎入年羹尧家。虎由西便门进正阳门西江米巷（今称西交民巷）,入年羹尧旧宅,咬伤数人。九门提督率侍卫枪毙之。上降谕:朕将年羹尧解京,本将仍加宽宥,今伊家忽然出虎,真乃天意当诛,将虎仍还伊家。相传年羹尧生时有白虎之兆。都城人烟稠密,环卫森严,竟无人见虎所由来,亦非偶然矣。

《永宪录》的取材据萧奭自己说是朝廷的"诏旨",实际上源头颇杂,也有不少道听途说和自行拼凑的内容。像这条记载，就和雍正帝本人的说法有一些细节上的差别，比如老虎到底是由东便门上城还是由西便门上城，沿途伤人与否，杀虎的武装人员到底来自哪个衙门等等。不过，《永宪录》的记载为我们提供了"虎入年家"事件的确切月份，即雍正三年十月初。雍正三年十月初三，正是当年立冬之日，北京河面尚在封与未封之际，大概还是可以给老虎提供芦苇荡藏身之地的。

以雍正帝一点大事小情就要满世界发布消息的一贯作风，这样情节玄幻、象征意义重大的"从古罕闻之事"，只对蔡珽一个人当笑话随便说说，似乎不大像他的风格。另外，如果确有老虎进城，甚至老虎"自带导航"进入年家之事，北京城内不说全城震动，至少民间也要议论纷纷、广为流布，那么到了乾隆、嘉庆年间，恐怕无论如何也是逃不过纪昀、袁枚、昭梿这类八卦圣手的笔去。可就是这么一件大奇事，不但当时没刷上头条，事后也不见高手编排，只是被名不见经传的萧奭记录下来，且来源很可能也只是刊本《朱批谕旨》中被删改过的蔡珽奏折。

鉴于以上原因，笔者大胆推测，发生在雍正三年初冬的这件"虎入年家"奇闻，并非事实，而是一个被过分夸大的普通事件。所谓被夸大的，就是说本来存在一个并不那么"奇"的事实：比如一只来自北京西北山区，或是京郊皇家动物园中的老虎确实稀里糊涂地溜达到了北京城区周边，但并未进城，更未目标明确进入年家；也可能是某日年家确实进入了一只体型庞大的猫科动物，譬如狸猫，而被夸张成老虎等等，于是凭空产生了谣言。而谣言的源头并非旁人，就是雍正皇帝。

雍正帝在这个时间点上，以一件"奇事"伪托天意，并单单告知"倒年先锋官"蔡珽，我想原因主要有二。

第一，对于年羹尧的处理，他此前尚有犹豫不决之意，此时则下定决心。如果下定决心的理由不便为外人道，那么托词天意，就是最省事的做法。

第二，将年羹尧必死的"天意"告知蔡珽，是给这位倒年大将吃一颗定心丸，鼓励他再接再厉，在接下来的倒年工作中完成更艰巨的任务。毕竟，年羹尧此际虽然落魄已极，但年纪只有四十几岁，亲妹妹、亲外甥还是皇帝最宠爱的贵妃、幼子，只要一时不死，东山再起的可能性是非常大的，到那个时候，只怕蔡大人哭都没处哭去。而蔡珽一旦在这个问题上心存疑虑，现下对皇帝的效忠也要打不少折扣。

那么，究竟是什么原因，让雍正帝一定要将已经被彻底剥夺了兵权、剥离了党羽，对自己毫无威胁的年羹尧置于死地，甚至不惜承担诛杀功臣的恶名呢？我想这很大程度上还是与年贵妃所生的皇子福惠有关。

雍正元年，在康熙末年储位大战中乱中取胜的雍正帝吸取乃父在立太子问题上的惨痛教训，上台近半年，就召集满汉文武大臣，谈及储位之事。他说：皇考选择朕躬继承皇位，是"于去年十一月十三日仓促之间一言而定大计"，皇考在世时，对储位一事"身心忧悴，不可殚述"。我的福泽、能力那是远远没办法和皇考比的，那么尽管我的儿子们都很年幼，立储是必须慎重的大事，不应该现在举行，但"朕特将此事亲写密封，藏于匣内，置之乾清宫正中世祖章皇帝御书正大光明匾额之后，以备不虞，诸王大臣实宜知之，或收藏数十年亦未可定。"这番话说完后，他命人将一个密封好的锦匣放在正大光明匾后面，至于匣中放置何物、书写的是什么内容，都不为人知。

雍正元年，雍正帝存世的四个儿子中，长子弘时将近二十岁，已经成人娶妻，但弘时素为其父所不喜，此时恐怕也不在备选之列。其余诸子中，弘历十二岁、弘昼十一岁、福惠两岁，均可称为年幼，先不说才识资质、发展前途如何，在那个青少年早夭率很高的年代，是否都能顺利活到娶妻生子，尚且存疑。所以，雍正帝这一次的"秘密立储"活动，昭示自己帝位合法性的意义更大于确立储君的意义。而在皇帝本人掌握了立储的全部主动权后，"易储"与否，也不过就是他再写一张纸条的事了。

前文我们提到，在四位皇子中，福惠虽然年纪最小，但其母地位最高，他本人最受雍正帝喜爱，在一些事情上享受的待遇高于其兄弘历、弘昼。另外，雍正帝非常乐意培养福惠与自己最亲信的弟弟怡亲王允祥的关系，曾放心地让只有三岁的福惠跟随怡亲王赴木兰围场秋猎，并将此事仔仔细细告诉远在万里之外的年羹尧。允祥比雍正帝小八岁，虽然他的身体状况一直不大好，但考虑到年龄差距较大，雍正帝仍然认为他应当比自己活得更久，可以托付后事。允祥去世后，他曾毫不避讳地将这层意思表达出来，如传旨在廷王公大臣说：

> 王之年齿小朕八岁，不但赖王赞襄朕躬，且望王辅弼于将来，为擎天之柱石、立周公之事业，使我国家受无疆之福，此实朕之本怀，岂料王竟舍朕而长逝耶！

雍正帝说这段话时，未来的乾隆皇帝已经二十出头，是成年人了，显然，他对乃父安排"周公"的初衷是不会感到愉快的。于是，乾隆年间编纂的雍正《实录》虽然收录了这道长篇上谕，却将此段文字删去，目前只能在更原始的雍正朝《上谕档》和《起居注》中看到。

此外，允祥死后，正在生重病的雍正帝还写信给另一位与他年龄相仿的重臣云贵总督鄂尔泰，说：

> 今不料怡亲王贤弟仙逝，朕从前意望，凡朕生前身后、朝廷内外、大纲节目，得王一人，朕实心神俱为之

安悦，毫无疑顾。今不幸朕弟舍我仙逝，朕之悲悼思痛且不必言，朕向日之所望一旦失矣，实如失倚护，方寸乱矣，心忐忑矣……若求独立不倚、心如金石者，朕八年来观内外诸王大臣官员中，惟怡亲王与卿也。今王遐举矣，卿观朕此旨，而不时加珍重，则负朕处不可言喻也。皇子皆中庸之资，朕弟侄辈亦乏卓越之才，朕此血诚上天列祖皇考早鉴之矣。朝廷苦不得贤良硕辅，书至此，卿自体朕之苦情矣。

此时雍正帝膝下只剩弘历、弘昼两位皇子。从这段话中，可以看出允祥去世对雍正帝的打击之大，盖因"皇子皆中庸之资，弟侄辈乏卓越之才"，而他"生前身后、朝廷内外、大纲节目"能够托付有人的愿望随着允祥的死而全部落空，下面就只能求助于鄂尔泰了。

既然对允祥有这样的信任和期望，那么安排某位皇子与这位"准周公"叔父刻意亲近，当然是个很好的征兆。不过，由于福惠年龄实在太小，个人资质难以展现，笔者想以雍正帝的政治素质，也不会因为私情私爱而贸然确定幼子为储君，但是积极培养，给予机会，还是有很大可能。

然而就在这个时候，福惠的亲舅舅年大将军出问题了，还不是一般的问题，而是最最严重的、能够挑战皇权的大问题。年羹尧与雍正帝差不多是同龄人，此时不一鼓作气让他身死名灭，日后谁熬得过谁，那就很难说了。我们可以替雍正皇帝估量一下，现实中存在的最极端情况就是：年羹尧虽然被一时剥夺了权柄，但仍然正常生活，而年龄相仿的雍正帝死在年羹尧前面，又以福惠为储君。在这种情况下，年羹尧很可能以皇帝亲舅的身份寻机重返朝堂，年轻的新君能否控制住曾经军权在握的国舅就不好说了。一旦念思及于此，不仅雍正帝要下定决心斩草除根，此次参与倒年的所有核心人物，也必然极力鼓动皇帝置年于死地，避免日后可能发生的、哪怕只有万分之一概率的反攻倒算。

大罪九十二款

随着形势的日益紧迫，之前面对拉锡还谈笑风生无所忌惮的年羹尧也稳不住劲了，接到最后一次让他"明白回奏"的旨意后，写下了大概是这辈子最跌身段的"乞怜折"。其折曰：

> 臣羹尧谨奏。臣今日一万分知道自己的罪了。若是主子天恩怜臣悔罪，求主子饶了臣，臣年纪不老，留下这一个犬马慢慢的给主子效力。若是主子必欲执法，臣的罪过不论哪一条哪一件皆可以问死罪而有余，臣如何回奏得来。除了皈命竭诚恳求主子，臣再无一线之生路。伏地哀鸣，望主子施恩，臣实不胜呜咽。谨冒死奏闻。

奏折上没有朱批，雍正帝看后有何观感，我们也不得而知。不过显然，皇帝示意下的举朝倒年活动并没有因此放慢了脚步。雍正三年十二月十一日，也就是年贵妃去世后的半个月，议政王大臣、刑部奏上年羹尧大罪九十二款，包括大逆之罪五、欺罔之罪九、僭越之罪十六、狂悖之罪十三、专擅之罪六、贪黩之罪十八、侵蚀之罪十五、忌刻之罪六、残忍之罪四。与早期王朝或者乱世王朝里强权皇帝一不高兴就把人"烹之""族之"的行为相比,清王朝的皇帝有一种看似更讲理、更法制化,当然也可以说是更狡猾虚伪的倾向:善于给人定罪。用著名历史学家黄仁宇先生"用数目字管理国家"的理论,可称为用数目字管理政治犯。

对中国历史有一定了解的读者,可能都知道这样的说法:宋朝是皇帝与士大夫共治天下,所以不杀士大夫,这是宋朝的重要国策,且被执行得比较彻底。宋朝皇帝普遍脾气温和,让大臣拿话挤对到墙角了,也没什么办法,不但杀不得,也羞辱不得,大不了远远打发出去,还挡不住他们"处江湖之远则忧其君",并以此名垂青史,备受后人的同情理解。

相对于宋朝皇帝的谦谦君子风度,明朝皇帝显得比较粗鲁,自己行事不靠谱,想一出是一出不说,还一言不合就打官员板子。那时候没有抗生素等消炎药物,挨打的人就算当场没有被打死,如果伤口感染治疗不及,送命的可能性也不是没有。不过,皇帝粗鲁有粗鲁的"好处",他打人是因为一事而打、兴起而打。他打了人,只能证明他自己是昏庸的、蛮横的、歇斯底里的,那自然而然,被打的人就是明智的、忠诚的、坚贞不屈的。被打的人由此而获得社会主流的同情、支持、尊敬,乃至崇拜,变得顺理成章。在这种情况下，有明一代士大夫前赴后继、冒着风险争相"找打"，挨打之后，得仁得义、成贤成圣，不论挨打的原因是什么，只消挨打，便自然而然成了正义的代言人。

清王朝是由北方少数民族建立的政权，按道理，民族初兴、政权肇基的阶段，也谈不上什么规范的礼乐刑政，滥刑酷法是比较多见的。但很奇怪，至少从皇太极当政时期起，满洲统治者就有用数目字管理罪犯的习惯。比如皇太极在压制昆仲、独揽君权的过程中，囚禁了他的堂兄阿敏，公布了阿敏的罪状共十六条。阿敏获罪是在天聪四年（1630），当时的后金王朝还没有引进明朝的六部制度，自然既没有专门主管量刑定罪的刑部，也没有成体系的律例法典作为量刑依据。而皇太极和他的执政团队居然能想到量化政敌罪名，让自己的决策看起来有理有据，还是很有政治头脑的。

清廷入关后，在学习明朝法律制度，特别是问刑程序的基础上，继承了本民族这种细致罗列罪状的传统，其获罪名目多而著名者如鳌拜获罪三十款、和珅获罪二十款等等。不过，要说把这一做法发挥到极致的，那还当推雍正皇帝为首。雍正年间的大人物获罪，其定罪之精细超过其他时代，如隆科多获罪四十一款，廉亲王允禩获罪四十款，贝子允禟获罪二十八款，贝勒延信获罪二十款等等。当然，其他人罪状再多，也多不过年羹尧去。年羹尧这九十二款大罪，单从条数上看，足可称古今罪人第一，说不定还能打破世界纪录。

不怕麻烦、喜欢给人几十条几十条罗织罪名,这体现了以雍正帝为突出代表的清朝皇帝怎样的特点呢?笔者个人认为主要有三点。

首先,是对统治合法性、合理性的强烈渴求,以至于有些强迫症式的表现。清王朝是少数民族通过武力征服而统治大帝国,在华夷之辨的意识形态下,合法性先天不足;而雍正帝本人的即位程序又颇有瑕疵,他在位期间就已流言四起。这两个因素共同作用,令他随时随地感受到朝野对他皇位合法性的指摘,并一生致力于对此进行解释与强调。事实上,如果换作一个脸皮厚的皇帝,这种指摘也起不到什么作用。在皇权至上的时代,除了扯旗造反,其他任何负面评价,对皇帝本人来说,都是柔性的、没有强制力的。他既可以我行我素、置之不理,也可以二话不说,拖出去砍了,大不了担一个暴君的名声,也不会掉二两肉。

但雍正帝显然不是这样的人,他是个极好面子又很务实的人。换句话说,就是面对一切棘手问题,既要切实有效解决,还要解决得情理法兼顾,最不济也要逻辑自洽、自圆其说。于是,我们在《雍正朝起居注》和雍正年间的满汉朱批奏折中看到的,是一个忘记了自己皇帝身份而喋喋不休,与任何对象都能展开激烈辩论的胤禛。实际上,不要说皇帝,就算没有什么生杀大权的普通上司,通常也只是兀自下命令而已,不大需要就一件事和人讲出一二三条道理,乃至翻来

大罪九十二款 / 153

覆去辩论道理的。官大一级压死人，这是权力社会运行的基本准则。

一度把年羹尧捧到恩人位置的雍正帝深知，"太平本是将军定，不让将军见太平"这种事，是不得人心的。不论内中有何委曲，让不知内情的人从表面上看，都只能看到鸟尽弓藏、兔死狗烹，这对皇帝的声誉、朝廷的形象，是极大的损害。所以，他让群臣不遗余力地搜括年氏罪状，按照合乎制度的程序全面公开，向天下人讲出九十二条道理，展示年羹尧是如何的罪大恶极，数罪并罚、按律当诛。而自己则是站在一个至公至明的位置上，战争时期重用他，是真诚的、讲道理的；现在逐渐发现了他如此之多的罪行，要诛杀他，同样也是真诚的、合法度的。

雍正帝这样的行事风格，不乏可取之处。毕竟，无论如何，一个肯花心思跟你讲理的上司，乃至皇帝，总比悍然武断，一拍脑袋就说一不二的更好一点儿吧。但与此同时，另外一个问题又出现了：虽然他是讲道理的，可他和讲理对象的地位完全不对等，能为自己的"理"调动的资源极度不均衡。所以归根结底，他讲的是一面理，讲的是不公平的理。再者，雍正帝为人英察善辩，讲理的时候极肯投入，极为用心用力，所以他的"理"看起来总是那么"有理"，不管论证过程还是论证结果，甚至道德高度都完胜对手。许多学者都说，清朝的士风较明朝卑下得多，清流士大夫再不见明朝那样冒着打板子风险跟皇帝死磕真理的了。而又有学者说,清朝的士风之变主要是在雍乾时期,这跟当时的君权高压专制、文字狱酷烈有密切关系。这些观点自有其道理,我也基本同意。不过,在此还要补充一点,那就是雍正年间士风的变化,实在跟雍正皇帝太爱讲道理、又太会讲道理有关,讲到了士大夫们无理可讲、闭口不言的地步。所以,对于传统王朝士风的培植而言,皇帝爱搜肠刮肚讲道理,恐怕真不如一理亏就打人板子更好些。

第二,是对皇权掌控力的高度自信。前面我们说,相对于以前的朝代,清朝皇帝更习惯运用数目字管理罪犯,承平时期处理大人物,安排的罪名一般都在二三十条以上。但到了晚清,情况也发生了变化,比如辛酉政变后,大权臣肃顺被慈禧太后、恭亲王奕訢等人以"跋扈不臣"为名,六天之内从重从快判了死刑。因为时间仓促,肃顺又不是个大贪,突袭抄家无所收获,直令草拟谕旨的笔杆子曹毓瑛"思索竟日,周纳无词",实在列不出多少罪状条款。实际上,肃顺的专断强横、把持朝政,比年羹尧有过之而无不及,把柄一定是很多的。这件事情若放在雍正帝手里,细细查去,大罪没有九十二款,二十九款也是有的。但此时的慈禧和恭亲王,对政权的控制能力远远无法与雍正帝相比,对肃顺等人抱着"好悬抓住,赶紧杀了省事"的态度。可见,合法性强不强,是一个建立在控制力基础之上的高端话题，对于弱势君主而言，充分论证合法性，实在是一件不敢追求的奢侈品。

第三，是政治手段的纯熟运用。在"倒年"过程中，雍正帝手段的高明老辣表现在三个方面。其一，确保在政治，甚至是法律框架内剥夺年羹尧的兵权，让已经有一定割据倾向的川陕军政集团平稳"回归"皇权的控制范围之内，没有激起许多人都担心的兵变。其二，尽量缩小范围，实现精确打击。对于年羹尧关系网中的文武精英，雍正帝普遍采取收买剥离的方式，使其不至于一损俱损；对于其中特别优异者，还能推诚重用，爱才之心昭然可见；而对于年氏家族的无关成员，更是极力加以保护。其三，雍正三年，在"倒年"进行过程中，雍正帝同时向以亲兄弟允禩、允禵为代表的先帝皇子、宗室王公和八旗上层贵族发起总攻，并开始着手清除他即位的大功臣、国舅隆科多在朝中的势力。在不影响国计民生的情况下，多点出击而令所有的对手毫无还击之力，雍正不愧是政治斗争史上的超级大咖。

不过，为了达到完美控制事态发展的目的，"倒年"活动中的雍正帝采取了很多阴暗不堪的手段。比如，通过密折形式鼓励告密、挑拨离间、凭空诬陷等等，甚至他赞美、收买大臣的那些"甜言蜜语"，从最后的结果看，也让人毛骨悚然，绝非君子待人之道。读过本书，还愿意与他这样的人交朋友，或是和他这样的上司共事，想必没有几位了，除非运气绝佳，具有允祥、鄂尔泰那样的特质。当然，今天的学者、历史爱好者，能看到原始的清宫档案，是出于极其偶然的历史机缘，是雍正帝始料未及的。他原本也以为，自己展现给时人和后世的，都分外正大光明。九十二款大罪既定，雍正三年十二月十一日，年仅四十六岁的年羹尧死期至矣。那一天，雍正派遣领侍卫内大臣马尔赛、步军统领阿齐图向年羹尧宣判其死刑。上谕开头曰：

>年羹尧，尔亦系读书之人，历观史书所载，曾有悖逆不法如尔之甚者乎？自古不法之臣有之，然当未败露之先，尚皆假饰，勉强伪守臣节。如尔之公行不法、全无忌惮，古来曾有其人乎？朕待尔之恩如天高地厚，且待汝父兄及汝子并汝阖家之恩俱不啻天高地厚，汝扪心自思，朕之恩尚忍负乎？

先强调年羹尧是辜负君恩，连掩饰也懒得掩饰的古往今来第一人渣；随后又历数了他那些九十二款大罪中尚未提到的罪状，如在对罗卜藏丹津作战中该前进的时候羁迟，该谨慎的时候冒进，该直行的时候绕远，该迂回的时候抄近，总之是视国家军务为儿戏，以此陷害阿喇纳、富宁安、岳钟琪、蔡珽等领兵、督粮大臣。又如处理战争善后奏定的十三条章程，在不该建城处建城，不该屯兵处屯兵，所作所为，无一处有益于地方。更有许多残杀无辜、颠倒军政的大罪还没来得及放在九十二条中讨论。至于战争胜利之速，善后章程虽系年羹尧拟定，却经议政王大臣会议讨论，由皇帝亲自批准施行的事，自然搁置不提。最后，雍正帝说：

> 即就廷臣所议九十二条之内，尔应服极刑及立斩者共三十余条，朕览之不禁泪坠。朕统御万方，必赏罚公明，方足以治天下，若尔之悖逆不臣至此，朕枉法宽宥，则何以张国法之宪典，服天下之人心乎？即尔苟活人世，自思负恩悖逆至此，尚可以对天地鬼神，与世人相见乎？今宽尔殊死之罪，令尔自裁，又赦尔父兄子孙伯叔等多人死罪，此皆朕委曲矜全，莫大之恩。尔非草木，虽死亦当感涕。大凡狂悖之人，生前执迷，死后或当醒悟。若尔自尽后稍有含怨之意，则佛书所为永坠地狱者，虽历劫亦不能消汝罪孽也。

意思是：你的罪孽如此深重，九十二条里光够得上死罪的就有三十多条，朕如果还不杀你，就是徇情枉法；即便像现在这样，只让你自裁了事，又免除你父兄子孙叔伯等近亲的死罪，已经是皇恩浩荡、格外保全了。你如果还稍微有点人性，就是在黄泉路上也要感恩戴德、悔罪自新。如果稍有怨念不服，那么按照佛家的说法，你就算坠入地狱，永世不得重生，也无法消除自己的罪孽。

一世雄杰的年羹尧，就是在这段"死了也要爱，怨念会让你没有彼岸"的强硬超度声中，走向了生命的尽头。他被皇帝"赐自尽"，至于具体的死法，即是鸩酒抑或金刃、白绫，则未见史载。

那么，年羹尧这九十二条大罪，到底虚实如何，有什么可以深挖的内涵呢？

虚虚实实

对于年羹尧的九十二款大罪，雍正朝刑部给出的分类体现了当时官方的归罪逻辑，和今人的思维方式不太一样，增加了理解难度。笔者拟将这些罪状重新排列组合一下，再加以分析，想必读者看起来会更明了一些。

这九十二款罪状大致可以分为政治问题、人事问题、经济问题、领导责任问题四大类。政治问题包括两个层面，第一个层面当然是对皇权构成直接威胁，比如与静一道人、邹鲁等图谋不轨，私藏军用物品，伪造图谶妖言等等。

静一道人是个有异能的道士，邹鲁是游方术士，以看相占卜为业，两人都是年羹尧幕下之客。在清代，督抚大臣自掏腰包幕下养士是普遍现象，年羹尧开府几十年，财大气粗，多养几个帮忙或是帮闲的各色人等，本来不是问题。不过，养一些会占卜看天相的"异人"，和一般的养士可不一样，很容易被视为有蛊惑人心、颠覆政权的企图。

"倒年"进行到关键阶段时，术士邹鲁被捕。提到刑部后，他供称在西宁年幕中时，年羹尧曾给自己看过一些图谶碑记，又口出狂言，说他这辈子封王还不止，"到分九鼎之时，我已有川陕两省，据天下上流，更兼兵马强壮，谁人敢当？只有老父子孙在京，甚是挂念",摆明了是要造反的话。还有一次，年羹尧半夜叫来邹鲁，让他看自己房顶上冒出的白气，说是"王气"；又说自己在陕西有大炮三千、甲胄枪箭俱是现成，让邹鲁、静一道人等算一算哪天（起兵）吉利等等。此等言论如果坐实，谋反大逆那是板上钉钉。

不过，结合年羹尧和其子年富的口供来看，事情似乎并没有这么严重。静一道人、邹鲁二位，确实是年羹尧门下之士，且主要从事看相算命一类的封建迷信活动。年羹尧曾答应为邹鲁出资购买房屋、捐买官职，但没有兑现。为此，邹鲁与年羹尧当面反目，进京找到年羹尧之子年富，以其父曾对自己说过谋逆言论为由，向年富讹诈白银数万两。可大家想一想，如果年羹尧确实与邹鲁等人说过非常露骨的谋反言论，一旦反目，必然要对其限制人身自由，乃至杀人灭口，怎么能任由他满世界乱跑，甚至跑到北京城要挟自己儿子？

实际上，年羹尧和术士异人大搞封建迷信活动，并没有隐瞒雍正帝。他在给刑部的口供中说，自己于雍正二年底进京时，曾劝阻雍正帝下一年的二月不要到东陵拜谒；另外雍正三年四月间天下会发生一些事情，请皇帝小心留意。他甚至将天旱求雨、目睹白气升空的事也和雍正帝口头说过。当然，在口供中，年羹尧痛心疾首，认识到自己这样"信口胡言"是极端错误的，是疾病缠绵、心神恍惚所致。

再者山东巡抚黄炳曾在雍正元年五月上过一道密折，提及时任川陕总督的年羹尧向他致函，说皇上闻知你们山东安丘县有一个叫范英的秀才，是奇人异士，让我转告你将范秀才密送进京，带到怡亲王府上。黄炳是个年轻官员，做事认真得很，巴巴跑去调查了范英的背景后上奏说：据臣了解，这个范英背景复杂，曾经涉嫌参与武装倒卖私盐，皇上您看这么不本分的人，真的让我送到怡亲王府上去吗？然而黄炳没有想清楚，皇帝是新登基的皇帝，跟内外文武人头不熟，这种暗地里捣鼓封建迷信活动的事，哪好意思同你个寻常督抚直说？所以绕个大弯子，让自己的大舅子川陕总督向你山东巡抚转达圣意，你好好地把人送到北京就是，怎么还冒冒失失和皇帝挑明了呢？面对不开窍的黄炳，雍正帝也没有办法，只好表扬他背景调查做得对极了，不过此人是好是坏、能与不能，也要朕亲自试一试才知道，你还是火速把他秘密送到怡亲王府上去，甚密！甚密！甚密！

其实，早在康熙年间，年羹尧就曾"奉旨"与异人交往。康熙六十年，年羹尧从四川到热河觐见康熙帝，后又从热河前往北京；离开热河前，康熙帝交代他到北京找一精于命理的术士罗瞎子推算八字。此时的年羹尧倒还谨慎，上奏说："臣到京后，闻知（罗瞎子）其人在京招摇，且现今抱病，臣是以未见伊。理合附奏，非臣敢于违旨也。"至于进入雍正朝后，在结交奇人异士、推算命理、吉凶这类事情上，雍正帝与年羹尧更是实现了信息资源共享，并不是年羹尧偷偷摸摸自行其是。

有鉴于此，针对年羹尧"与静一道人、邹鲁等谋为不轨"这第一条泼天大罪，雍正帝并没有大做文章，甚至有故意淡化的意思。可见他虽然做了防止年羹尧谋反兵变的准备，但从心底并不相信年羹尧会蓄谋反叛。

政治问题的第二个层面，在古代叫僭越，用现在的话叫作没有摆正自己的位置。主要表现为，一不把皇帝放在眼里，二不把制度放在眼里，三不把其他同事放在眼里：如接到圣旨不宣读张挂，寄发奏折时不按照一定的礼仪规格"拜发"，而是像寻常寄信一样在官署内室交人发出；从自己到儿子再到仆人都不按级别标准乱穿衣服、装修时随意使用龙的图案；架子大得离谱，用皇家侍卫充当仪仗队，让巡抚一级的高官下跪，对其他督抚行文直呼其名等等。这些都是摆在明面上的问题，众目睽睽，一揭发一个准，所以数量最多。另外，这类问题虽然危害性并不如谋反大逆、贪污腐败、滥用职权那样严重，但给人的感受是很直观的，特别是给同僚们的刺激非常强烈。比如他和陕西巡抚范时捷原本交情不错，二人在西安同城驻扎，年羹尧权势最盛时，曾要巡抚向自己下跪，又给对方提出接旨不许放炮等苛刻要求，范时捷先是敢怒不敢言，后面风声一变，揭发奏折就一封封递了上去。

雍正年间补服规制[1]

身份	补子	纹饰
皇帝	四团正龙	左日右月，前后万寿篆文
皇子	四团正龙	
亲王	四团正龙	
郡王	四团龙，前后正龙，两肩行龙	
贝勒	两团正蟒	
贝子	两团行蟒	
镇国公、辅国公、公、侯、伯	两方正蟒	

雍正年间，年羹尧的头衔最高达到了：太保、一等公、川陕总督、抚远大将军。其中，太保是宫衔加官，类似荣誉称号的性质，与品级相对应，享受正一品官待遇；一等公是爵位，与品级相对应，是"超品"，即享受比正一品官还高不少的待遇；川陕总督是职务，雍正初年的总督通常是正二

---

[1] 补服是明清官员穿在朝服或吉服之外的服装，因绣有补子而得名，作为官服的一部分，用以"辨尊卑，别上下"。图表所示为清代高级贵族补子的形状与纹饰。其中以"四团龙补"的样式最为尊贵，须郡王以上方可穿用。除宗室高级贵族外，异姓功臣有蒙赐"四团龙补"之例，是为巨大殊荣，因其体制过重，即便功臣本人亦不敢穿用。年羹尧罪名中有"伊子穿四团补服"一条，是僭越大罪。

品，全权统领本辖区军民二政；抚远大将军是差遣，没有待遇标准，但在职权上是"节制四省军兵粮饷"，可知在"军兵粮饷"问题上，大将军是四省督抚的上级。以就高不就低为原则，年羹尧在衣食住行、人身待遇诸方面，应按照《大清会典》公爵的标准执行。在权力运行方面，战时在与"军兵粮饷"相关的事项上，应行使大将军职权；战时非"军兵粮饷"事项，以及战争结束后，应行使川陕总督职权。以上，即是年羹尧应该"摆正"的位置。

那么年羹尧是怎么做的呢？他自己的解释是，在一切待遇和职权行使事项上"俱循大将军俗例而行"。他的"俗例"是谁呢？就是他的各位前任——清初领兵诸王，特别是直接前任——康熙帝的十四皇子允禵。也就是说，他不分战时平时、公爵品官，不论是起居排场还是发号施令，都按照领兵亲王、皇子标准行事。按这样的标准，让巡抚下跪，对督抚直呼其名，还有问题吗？当然，在君臣蜜月期，这些问题都不是问题，而一旦和皇帝反目，那问题可就大了。

政治问题讲完，我们来说说人事问题。年羹尧九十二款大罪里的人事问题总结起来是八个字：任用私人，排斥异己。前者如利用职权，让自己人冒滥军功、伪造资格，混上一官半职；后者如诬陷与其有矛盾的人违纪违法，甚至为了给自己人腾位子，将完全不相干的人参奏免职，所谓"急欲出缺"是也。

夸大其词、冒滥军功是古代军队中长期存在的舞弊现象，大规模战争环境下尤其普遍，年羹尧军中必然不能例外，能不能被发现只在于查与不查、纠与不纠。另外前文我们提到过，年羹尧特好举荐，且态度强硬，其举荐的官员被单列档册，称为"年选"，这令吏、兵二部怨愤不已。这是他"出事"前就暴露出来的问题，自然也是实情无疑。

不过，关于举荐，特别是因军功举荐的问题，我们还需要再辩证地看一看。实际上，凡是有军事统帅经历的大臣，普遍勤于"举荐"。毕竟战争是生死一瞬的事情，统帅没有点儿"就算跟人事部门死磕，也得给兄弟们多挣好处"的精神，谁会拼了性命跟你向前冲呢？像年羹尧最敬重的老同学鄂尔泰官居首辅后，也大肆起用自己主持改土归流时的部属，有"偏私乡党"之讥。鄂尔泰是满人，没什么乡党可言，所谓乡党，即是云贵一系的文武官员。而与鄂尔泰同时主持朝政的张廷玉是数十年文学侍从出身，在举荐问题上就极其谨慎小心，生怕担个结党的名声。他的桐城老乡、桐城派三杰之一的刘大櫆想求他举荐尚且不能，反而要去走鄂尔泰的门路。军事活动的特殊性促成了军功集团的形成，进而对承平之下的制度运行造成破坏，这似乎是那个时代不可避免的问题。当然，统帅对于"度"的把握非常重要，年羹尧的肆意程度确乎太高了一些。

至于排斥甚至诬陷异己，显然是个比滥荐更严重的问题。可惜，雍正帝为年羹尧安排的诬陷异己的典型案例"捏参程如丝贩卖私盐、杀伤多人"一案，是个不折不扣的冤假错案。这里我们可以简单介绍一下。

先是，川陕总督、大将军年羹尧参劾四川按察使程如丝在担任夔州（今重庆市东北部）知府时诬陷合法商人贩卖私盐，并对路经夔关的商人进行武装抢掠，致死多人。程如丝被革职拿问。雍正三年初，蔡珽案出现反转：本来是被逮捕进京的四川巡抚蔡珽因为揭发年羹尧有功，从阶下之囚一跃成为左都御史。蔡珽随即奏称，自己是程如丝的老上级，对他的为人非常了解，程如丝实乃四川第一好官，因与年羹尧有仇，才被诬参。因为此案涉及多条人命，社会危害极大，如能证明确系诬参，当然可以成为"倒年"活动的重要突破口。是以雍正特派新任陕西巡抚石文焯主持复核。雍正三年八月，石文焯疏奏"四川夔州守程如丝私卖盐觔、贪残凶暴一案，俱数虚事，明系年羹尧捏词妄参"，程如丝无罪释放，恢复四川按察使职务。至此，官方认定年羹尧之于程如丝是陷害忠良、排斥异己无疑。

然而，这个认定在年羹尧被赐死仅仅一年多后就被推翻了，原因很简单："倒年"已是明日黄花，这时候皇帝的主要斗争方向是"倒蔡"，蔡珽的蔡。雍正五年三月，雍正帝发布长篇谕旨，谕旨的开头口气非常谦虚，他说：朕办理天下事务，历来顺应人情物理，不肯心存成见。但是政务殷繁,人心险恶,蒙蔽欺妄的事情层出不穷,我一时听信了,就要出现决策错误。不过,如果犯了错误能及时改正,不存自护己短的陋见,那么是非很快就能明白,大家也能有所警惕。古来圣贤并不是没有过错,而是不掩己过,朕常常以此自勉。

一段开场白后,雍正帝重提程如丝案,并且将身段放低到尘土里,公然引用"悖谬狂乱,至于此极"的大罪人汪景祺的言论。雍正帝说:我最近翻阅汪景祺的《西征随笔》,看到里面有一条记载叫《程如丝贪横》,所叙程如丝案,与蔡珽当年所奏、石文焯所审大不相同。汪景祺这个人虽然不是东西,但他的言论也不一定"字字皆虚",既然他在笔记里是这样写的,想来也应该是有所依据。国家政事,必须清楚明白,才能"清吏治而肃官方,剖是非而除壅闭"。程如丝一案,现在着刑部侍郎黄炳前往四川,会同川陕总督岳钟琪、四川巡抚马会伯、湖北巡抚宪德重新审理,审讯时让石文焯和蔡珽二人现场旁听。

我们先来看看汪景祺在《西征随笔》中的说法:

> 程如丝重贿蔡珽,调补夔州知府。程如丝至夔,凡商家所有之盐,尽以半价强买之。私盐船自夔至楚者,官素不甚禁,以活穷民,程如丝悉夺之。私盐船过夔,程如丝遣人籍其盐,私商不服,程如丝集吏人、乡勇、

猎户，泛兵几千人往捕治之。鸟枪弓矢竟发，私商与捕人死者枕藉，商人过客毙者无算。蔡珽庇之，不以上闻。湖督杨宗仁受客商呈词，欲入告。程如丝指称是年大将军意，杨督竟寝其事。年公闻之，遂具题参劾，奉旨革职拿问。蔡珽入觐，力言程如丝为天下第一清官，上将大用之。今此案令西安巡抚石文焯秉公确审，石欲脱程罪，且议复其官，以合上意。呜呼！浙抚黄叔琳以置土豪贺茂芳于死，遂革职问罪，乃知府杀人不计其数而反无过乎？

皇帝的意向既然又如此明白，案件的最终结果当然也没有悬念。曾经的"四川第一好官"程如丝再次被定拟死罪，罪行正如狂乱悖谬的汪景祺所描述。雍正五年八月，因为"倒年"而红极一时的蔡珽被抓捕入狱，定罪十八款，其中第十五款即是"收受贪残不法之程如丝银六万六千两，金九百两，贪贿庇奸、怀私保举"。年、蔡两个大人物的罪名里，竟然都有这个程如丝，可以说是十分魔幻现实主义了。

不断攀升的死亡人数

接下来我们再看年羹尧的经济问题。在九十二款大罪中,年羹尧的经济问题包括贪污、受贿、挪用、冒销、非法经营等项,一些项目涉及金额特别巨大,如曾经冒销四川军需一百六十多万两,冒销西宁军需四十多万两,等等。

年羹尧仗势敛财,家财甚巨,确有其事。按照清朝的制度,旗人因为已经由国家在京畿地区分配了旗地和住房,所以即便出任外官,也不能在当地置产,卸任之后只能回京依靠旗地生活。清前期旗地的买卖限制较多,土地兼并比较困难。所以,清中前期的旗人官僚贪腐有一个特点:他们往往在身居要职时好摆排场、大肆挥霍,但因为置业较少,现任官一旦退职,特别是众多子孙分家之后,经济条件就大幅跳水,一两代内就能陷入贫寒境地。相比这些听从制度约束的"老实贪官",年羹尧就显得生财有道。他利用自己亲友、袍泽、故吏遍天下的优势,在各地大量置产经营,如借助直隶总督李维钧,在保定周边置有田地三万亩,房屋一千两百多间。因为女儿与衍圣公府缔结婚约,年羹尧又以置办嫁妆为名,在济宁购置良田十九顷。另外,他还凭借在西北、西南地区大权独揽的地位，支持诸子、家奴，以及亲信官绅、商贾经营盐、茶、马匹、贵重木材等大宗生意，再与军需供应、边境贸易相结合，获利之丰厚可想而知。

年羹尧敛财腐败、巨额财产来源不明是实，不过，对于九十二款大罪中的这些严重经济问题，我们还是要从更深层面，结合当时具体情况分析。

首先，青海一战的军需补给，并非由中央财政直接供给调配，而是主要由年羹尧统筹川陕等四省自筹自支。这一策略的优势是筹措周期短、运输成本低，资源调配机动灵活，可以及时适应战争变化。另外，雍正帝即位后，政治局势一度紧张，国库里的钱一下子都拿去打仗，手里没活钱的皇帝实在心里没底。因此，如果能让年羹尧尽可能自负盈亏，而中央少掏钱，那雍正帝真是再乐意不过了。从结果上看，这一招的效果确实明显：雍正初年，在青海用兵的情况下，国库存银不降反升，从康熙六十一年的两千七百万两，到雍正二年增至三千一百万两。

可以与之对比的，是雍正中后期的战争开支。雍正七年，清廷主动发起对准噶尔部的战争，打算由西北两路出击，直取伊犁。在这次战争中，雍正帝吸取年羹尧权力过于集中、尾大不掉的教训，在军事上、人事上都实行分权，而在军需供应上则采取由中央直接筹集军费、调配物资的方式。对准部战争的军需筹备从雍正四年就着手进行，由雍正帝亲自挂帅，他最亲信的三位重臣怡亲王允祥、大学士张廷玉、户部尚书蒋廷锡直接办理，准备周期达三年之久。三人小组的运作模式，构成了后来大名鼎鼎军机处的雏形。对准部战争延续时间较长，且胜负参半，损失颇大，国库存银从雍正八年的六千二百万两直线跳水，到乾隆初年，户部仅余银三千四百万两，几乎降到了雍正二年的水平。抛开其他因素不计，两次战争的"花钱"模式差别可见一斑。

不过，西部地区经济基础本来薄弱，过度榨取民力作战，容易激起民变，于是雍正帝和年羹尧达成默契：虽然不给钱，但可以给"政策"。比如让年羹尧一个川陕总督兼管位于山西的"钱袋子"河东盐场，将原本只能由户部统一办理的"捐纳"权下放给陕西省，在战争期间对川陕藩库、军需亏空问题睁一眼闭一眼等等。总而言之，中央政府在战争期间几乎放弃了对川陕等四省的财政监管：只要你自己花钱把仗打赢，其他都好说。年羹尧的严重经济问题有其必然成分。

与之伴随而来的还有第二点值得注意，那就是：既然年羹尧对于战时四省财政有绝对的控制、调动权力，一切以打胜仗为目的，那么那些冒销军需、擅发银米之类的罪名，算在他头上就显得勉强。毕竟，由身兼地方总督的军事长官全权调配物资，是对常规制度的整体性颠覆，再从中挑出具体问题说某一件事按照常规是"冒销""擅发""挪用"，未免不能令人服气。

至于年羹尧九十二款大罪中的领导责任问题，最著名的当属"郃阳剿匪致死八百平民案"。这件案子后来被影视剧作家进一步戏剧化，编排为《雍正王朝》中的年羹尧血洗江夏镇，极力展示其凶残暴戾、不择手段的一面，而事情的真相到底是怎样呢？

郃阳案同程如丝案一样，也是年羹尧九十二款大罪中特别严重的一款，二者共同的特点是都造成了无辜商民死亡。死了人，事情的性质就严重了，在这一点上，古今是相通的，古代社会也并非视人命如草芥。

郃阳县今称合阳县，隶属陕西省渭南市，地处关中盆地东北部，与山西的河东地区隔黄河相望。罪状中说，郃阳事件导致该县八百多人无辜死亡。这个数字实在吓人，毕竟在冷兵器时代，一场小规模战争也死不了八百人。何况从案件的审理情况来看，这死亡的八百多名无辜群众，并不是被官兵杀死打死烧死或是集体活埋的，而是因为半夜受到惊吓，自己跳崖投井，甚至躲避中遭踩踏致死的。承平之日，在离省城西安不到两百公里的关中平原上，发生这么骇人听闻的事件，居然时隔一年多后才为世人所知，未免过于怪异了。

关于郃阳事件的起因，汪景祺在《西征随笔》的《西安吏治》一篇中也有记载。按照汪景祺的说法，康熙年间，天下吏治之坏莫过于陕西。一则督抚大吏均为满人，这些人文化程度一般，于政务很不通晓，将地方公务都委之师爷、书吏，任其鱼肉百姓。二来康熙中期以后，西陲连年用兵，陕西官府、民间的负担都很重，而地方官以苛敛聚财为能事，想尽一切办法征收苛捐杂税，常常激起民变，官民矛盾十分尖锐。邰阳县在雍正初年隶属西安府，因为与河东盐场所在地山西运城临近，所以当地人民用盐比较方便，并不需要官方背景的盐商往来贩运，而是采取"民运民销"的方式自行解决。雍正初年，为了增加盐课收入、满足战争需求，年羹尧的亲信，时任西安知府金启勋强行将邰阳县用盐改为"官运官解"，引起当地绅民的强烈不满。在邰阳籍官员范光宗（曾任福建学政）家人的带领下，一些百姓冲入县城，砸毁县衙，要求官府收回成命。金启勋等人无计可施，只好听从陕西布政使胡期恒的安排，与民众达成妥协，仍许当地食盐民运民销。

没过多久，金启勋经年羹尧保举，由西安知府升任河东盐运使，成为负责河东盐政的长官。大约出于报复心态，金启勋指称邰阳县内盐枭横行，请求年羹尧准许他带领官兵前往抓捕，得到年羹尧批准。雍正二年八月，金启勋带兵来到邰阳捉拿盐枭。至于带了多少兵、抓了多少人，其间发生了什么，当时并没有受到太多外界关注，基本上是作为一个区域性刑事案件加以处理的。

然而半年后的雍正三年三月，这件事突然被高调提起。

刚刚改调镶白旗汉军都统的前陕西巡抚范时捷向皇帝密奏，说他在担任陕抚时听到有人反映，去年官兵在郃阳大肆捉拿盐枭，因为处理不当，导致当地无辜百姓畏惧惊惶，甚至有多人跳崖投井自杀致死，请皇帝下旨年羹尧确查。雍正帝将范时捷的奏折发给年羹尧，让他查明。年羹尧回复说：郃阳盐枭恣行，不得已派兵前往，官兵"未射一箭，未放一枪"，除了将十五名盐枭拿获押解省城外，并未造成平民伤亡，"若果有杀伤平民之事，众耳众目万难掩饰，臣情愿甘罪，断不肯下庇属员，上欺圣主"。其时，"倒年"活动正在进行当中，这样大一个罪状，雍正帝怎容他随意解释几句，就轻飘飘放过，于是在朱批中对年羹尧说：

> 范时捷说你被人蒙蔽，今你此字中言他被人蒙蔽，今朕若听你言便寝此事不究，则被你蒙蔽矣，若听范时捷之言即治金启勋之罪，则朕被范时捷蒙蔽矣。此事你二人中必有一人被人蒙蔽，尔等被人蒙蔽不过坏一省吏治之事，若到不可用尚可摒斥而更人。朕若被人蒙蔽则天下政务所关，尔等未必能为伊、霍之事也。此事你必究明根源覆奏，朕必明此事矣。你若不能彻底详明此事，朕被你蒙蔽尤可，你蒙蔽朕之罪恐当不起天下人之指论也。

不断攀升的死亡人数 / 175

皇帝将话说得这样重，年羹尧只好派陕西按察使黄焜等人再查此事，并在两个月后奏报说：去年八月官兵突至邠阳，虽然并无威逼之事，但该县老幼妇孺共六人，因为惊吓、或自缢、或跳崖、或触发旧疾病死，当时俱未报官，所以自己并不知情，现在既经查出，自请处分。对于年羹尧的奏报，雍正帝未置可否。五月中旬，年羹尧从西安离任，新任川陕总督岳钟琪又奏说：据按察使黄焜禀报，邠阳县因官兵突至横死者，老幼共计十二人。人数比年羹尧所报的死亡六人翻了一倍。对于这个说法，雍正帝似乎也不满意，只简单批复岳钟琪："另有旨矣。"事实上，事态变化发展到这个阶段，雍正帝对于邠阳案，已经有了自己的态度和信息渠道，而毫不理会陕西方面的说法了。

其时，钦差吏部侍郎史贻直、刑部侍郎高其佩结束了关于年羹尧贩卖私盐的调查，准备从山西运城返回北京。雍正帝一纸令下，命史、高二人参与调查邠阳案。七月初八日，史贻直、高其佩上奏称已与岳钟琪及新任陕西巡抚进行了联合调查，除年羹尧所报六名死者外，现在又发现因兵而死者十三名，死者人数合计达到十九名。另外，邠阳县被官兵抓走的盐枭中，也有人口供有出入，理应再审。针对史贻直的这道奏折，雍正帝没有就新增死亡人数本身发表意见，而是批示："知道了，尔等且在此等候，朕使人来，有面交与之事。"

大约与史贻直、高其佩同时，陕西固原提督马焕也上一密奏，他通过自己所管的绿营兵系统对此事进行了秘密调查，描述颇为细致。他说：在雍正二年八月十八、十九、二十三日内，年羹尧先后遣发三拨官军，共一千两百七十人，由金启勋等人率领进驻邠阳县城。官兵于二十日夜放炮出城，到离城二十里的村寨抓了十几个人，随后几日又在周边地区抓捕百姓一二百人，金启勋随审随释，最后只留下十八名认定为盐枭，押解西安，斩首九名。现在监狱中在押的有一名秀才，识文断字，对当夜情形的描述还算清楚。据该秀才回忆，当时官兵半夜出城，百姓十分畏惧，落河投井跳崖者为数甚多。

综上所述，自雍正三年三月邠阳案旧事重提之日起，到当年七月的四个月间，各方调查上报的邠阳百姓死亡情况从无人伤亡，到六人，到十二人，再到十九人，人数逐渐扩大，但均在可以理解的范围内。然而，到了九月十五日，雍正帝下达的一道上谕中，邠阳案死亡人数却突然变成了骇人听闻的八百零五人！

雍正帝为此痛心疾首，在上谕中对邠阳受难群众进行了沉痛哀悼，表示：年羹尧如此草菅人命、毒害无辜，以致八百多人受其惨酷，这都是朕任用匪人的缘故，朕实在太惭愧了，无法面对无辜受害的邠阳人民。既然都是朕的过错，那么现在的陕西地方官要代替朕好好抚恤当地群众，雍正四年邠阳县的税收，免了！

这八百零五人的数据是钦差史贻直、高其佩报给皇帝的。二人关于此事的题本笔者未见，但用雍正帝的话说，这八百零五人中每一个死亡人员都有"乡保甘结"和"该县册结"，是凿凿可据的。不过，仅就上文的大致描述，想必读者心里已经有一个大大的问号：在一个没有DNA技术、没有精准户籍登记的时代，短短两个月时间，史、高二位对当地情况毫不熟悉的京官，是怎样对一桩发生在一年多前的泼天大案进行独立调查，一一核实了八百多名死者的身份和死亡原因呢？这样的诧异，年羹尧本人也是有的。于是，当钦差拉锡带着邠阳结案谕旨到杭州向年羹尧宣读时，年羹尧大为震惊，不肯认罪，回称："此事缘由，我前已奏过，抑或日后可明。"拉锡又问："如果按尔抵赖所言，日后自能明白，难道是高其佩、史贻直编造乎？"年羹尧则反复表示："日久后自明。"当然，无论年羹尧本人怎样说，邠阳一案最终被定成铁案，作为他九十二款大罪中很重要的一条；同时，也为其残忍暴虐、滥杀无辜的历史文学形象打下了基础。

金启勋是年羹尧川陕军政集团中的核心人物之一。年羹尧举荐金启勋为河东盐运使，支持他擅改成规、横征盐利，很大程度上是为了保护年氏家族在河东盐务中的既得利益。至于事前批准金启勋发兵捉拿盐枭，事后对其偏袒庇护，遮掩因其半夜出兵吓死无辜百姓的事实，年羹尧也都罪无可辞。不过，雍正帝几经指示授意，公布的邰阳案八百余人死亡数据，实在水分过大，不合情理，不足确信。另外，无论邰阳当日到底死了多少人，也并非年羹尧亲自带兵前往，他只应承担用人不当、袒护下属的领导责任，而非直接责任。

万事豪华如转烛

九十二款大罪分析至此，想必大家也可以感受到，年羹尧这破了"吉尼斯世界纪录"的罪状，绝非条条坐实、件件可靠。当时主审年案的刑部司官中有一人名唐绍祖，后人为其作传时写道："先生借补刑曹郎，推勘年、汪两案，悉当上意。"唐某身为法司之官，办理年案的功劳，并非证据确实、依律审断，而在于"悉当上意"。由此可见，雍正帝的"用数目字管理大案要案"虽然看起来比动辄"烹之""族之"、拉出去打一顿要更加理性体面而合乎制度，但实际上，在强大皇权主导下，钦差的车马劳顿、刑部的加班加点，都仅限于配合皇帝完成刑审程序，个中细目，是经不起仔细推敲的。

与年羹尧同赴黄泉的是他的儿子年富。年羹尧的长子年熙此前已经病故，年富是庶出的次子，其时年纪大致在二十出头，曾于雍正二年十一月承袭年羹尧的一等男爵世职。年富因为年纪较长，遂较深入地参与到其父的公私活动当中，充当年氏家族在河东盐业买卖中的代言人。年富的个性与年羹尧相类，属刚强骄悍一路。在"倒年"公开化后，他不但表现得"毫无畏惧之形",且"随处探听音信,怨愤见于颜色",令雍正帝大为恼火。所以在年羹尧被赐死的同时,年富也被判斩立决,随父而死。

年羹尧其余诸子,十五岁以上的,被发往云贵、广西极边烟瘴之地充军;十五岁以下的,等年龄长到十五岁后再陆续发配。对年氏家族中的男性而言,比这更严重的是另一个惩罚措施,即年羹尧族中男子凡有现任或候补文武官员,一律革职,年羹尧嫡亲子孙永远不许为官。雍正五年正月,大约是为了安慰病中的老岳父年遐龄,雍正帝下旨,命将年羹尧远徙边地的诸子全部赦回北京,交给祖父年遐龄看管。不过,关于年羹尧子孙不许做官的禁令并未解除,年羹尧本支就此败落,不可挽回。

以"倒年"的声势之浩大,雍正帝最后仅仅处死了年羹尧和年富两人,而未对年氏家族其他成员造成人身伤害的结果是出乎年家人意料的。所以当时就有传说,称年羹尧在落难过程中,将年幼的儿子和怀孕的姬妾分头安置各地,防备自己落个满门抄斩、诛灭九族的下场。这样的传言也被雍正帝听说,是以他专门下旨,"有匿养年羹尧之子孙者,以党附叛逆例治罪"。即便如此,现在如青海等地,仍有不少关于年羹尧遗孤流落当地,几百年来族支繁盛之类的传说。至于是真是假,就无暇考证了。

年羹尧原配夫人早亡,继妻觉罗氏因为是清太祖努尔哈赤之子、英亲王阿济格一脉的宗室女,此次免于株连,发回母家居住。除年贵妃外,年羹尧另有一姐妹,嫁给了雍亲王府属汉军镶白旗人胡凤翚。因为这一层关系,胡凤翚在雍正初年接替了大名鼎鼎的李煦担任苏州织造兼浒墅关监督。雍正帝即位后,刻意迫害曹寅、李煦两家康熙帝旧心腹,已是红学界的成说。实际上,苏州、江宁织造这类财源滚滚的大肥缺,向来是一朝天子一朝臣,给当今皇帝亲戚故旧做的。雍正帝上台后,让曹、李两家将职位腾出来,按照当时的政治惯例是理所当然的,并不需要阴谋,完全都是正大光明的手段。雍正帝立意"倒年"后,很快开始敲打胡凤翚这位"连襟",让他小心谨慎,不要误了自己的身家体面。不过,同对年家其他人一样,雍正帝并不想对胡凤翚施以辣手,只是在年羹尧死后将他革去苏州织造职务,并令江苏巡抚张楷和新任的苏州织造高斌对其进行离任审计,至多处理一下经济问题,小惩大诫。不料胡凤翚心理压力过大,审计还没有结束,就在当年四月,同妻子年氏及妾一人,在织造衙门自缢而死。巡抚张楷将胡凤翚夫妇的死讯上奏后,雍正帝大皱眉头,斥责张楷、高斌不会办事,说:

> 今胡凤翚畏惧自尽,皆汝二人杀之也!胡凤翚亦昏庸之至!便搜隐产,罪亦不至于杀,想伊必有大负朕、难见朕之处,方如此也。胡凤翚生为可怜之人,死为可

笑之鬼，朕实骇异之至！尔等可将其事妥当料理，交与他托得的老成家人，尔等亦可差一二人帮送至其家，莫令狼狈。岂有此理！

可见对于胡凤翚夫妇，雍正帝还是多少念及些香火情分，有怜悯抚恤之意。至此，耄耋之年的年遐龄在短短半年内，连丧次子、两女、一婿、一孙，儿媳及诸孙也离散他处。年迈之人，如何禁得起这样的人伦惨变？雍正五年五月，年遐龄病逝于京师旧宅，享年八十五岁。雍正帝念及旧交，恢复其原有尚书品级。

年遐龄病故一年多后，雍正六年九月，敦肃皇贵妃年氏在世的唯一亲生儿子、雍正帝爱如珍宝的皇八子福惠也不幸早殇，年仅八岁。雍正帝十分悲痛，命辍朝三日，以亲王礼葬。年家与皇室的关系就此彻底切断，再也没有翻盘的可能。乾隆帝即位后，推父恩正式追封福慧为怀亲王，陪葬泰陵。乾隆帝又遵照乃父遗嘱，将已经去世十年的敦肃皇贵妃年氏与其父雍正帝及嫡母孝敬宪皇后同穴合葬。不知二人再见于地下，将作何言语？

年家近亲中结局稍好的是年羹尧长兄年希尧。他在年羹尧被赐死的同时也遭罢官，但几个月后就重任新职，以内务府总管身份出任淮安关监督和景德镇御窑厂监督，终雍正一朝，君臣关系都比较融洽。乾隆帝上台后，年希尧亦遭劾罢，乾隆三年（1738）病故，享年六十八岁。

除了年氏家族本身外，年羹尧之死，对雍正年间川陕地区的政治格局，乃至清廷经营西北、对准部作战的整体进程都产生了重大而长久的影响。前文我们提到，雍正帝在处理以年羹尧为首的川陕军政集团过程中，对文官多所打击，其中的重要人物如胡期恒、王景灏、李维钧、金启勋、刘世奇、宋师曾、葛继孔、桑成鼎等均遭重处。而对于川陕集团的武将，雍正帝则在"倒年"中极力拉拢，至少也是温和以待。除对头号武将岳钟琪委以重任，令其接任川陕总督外，其余重要将领如吴正安、黄喜林、周瑛、纪成斌、宋可进等，或有所升奖，或原地不动，基本维持原班人马。雍正帝之所以这样做，既是为了稳定人心，避免武将们人人自危，彻底倒向年羹尧；更重要的是他在轻松获得青海大捷之后，对清廷的军事实力信心倍增，准备继承乃父遗志，征伐西北强敌准噶尔部。既然有这样的打算，保持西北军事班底的基本稳定，使骨干兵将尽量少受年羹尧案的影响，还是很有必要的。

不过，为了安定人心一时不动，并不代表这些与年羹尧有千丝万缕联系的汉人武将可以真正获得雍正帝的信任，这其中也包括岳钟琪本人。于是，在"后年羹尧时代"，雍正帝在西北的人事部署上做法极端而又矛盾。

一方面，他力排众议，任用年方四十，不但是汉人，还是"抗金英雄"岳飞后人的岳钟琪执掌重兵、经营川陕、遥控青藏。在此期间，朝野不断传出岳钟琪不可信、岳钟琪要造反的言论。甚至在雍正六年，也确实出现了湖南小知识分子曾静派学生张熙前往西安面见岳钟琪，力陈华夷之辨与雍正帝十大罪状，促其起兵反清这样耸人听闻的奇案。即便如此，雍正帝仍然对岳钟琪极力安慰，加倍重用，不但拒绝了他请辞川陕总督的要求，还破天荒任命他为宁远大将军，任命他只有二十来岁的儿子岳濬为山东巡抚，这一举动比此前优宠年羹尧有过之而无不及。

但另一方面，同为大将军的岳钟琪虽然在地位、待遇上不下于昔日之年羹尧，但在事权之重、信用之专上却远远不及。首先，雍正初年用兵青海，年羹尧是唯一的大将军，全权处理一切军务，延信、富宁安等颇有威信的满人宗室、将领所率领的八旗兵都只是充当驻守外围、拦击敌兵退路的辅助角色，听年羹尧节制。但在雍正七年进击准噶尔部的作战中，雍正帝改由西北两路出兵，除西路军由岳钟琪任宁远大将军外，又派遣满人勋贵傅尔丹率领满洲、蒙古兵出师北路，两支军队互无统属，各自行事。第二，年羹尧在担任大将军期间，虽然身在西宁，但仍然以川陕总督为本职，可以统筹调配川陕甘三省一切资源，特别是对文武官员的升黜具有相当大的权限。而岳钟琪授大将军印出师后，雍正帝则另派满人查郎阿担任川陕总督兼西安将军，以分岳钟琪之权；

雍正九年（1731），更是析置四川、陕西两总督，整个军事活动事权分散，令出多门。第三，年羹尧担任大将军时，一切军需调配及具体的战术战法几乎都由年羹尧专断专行。但在雍正七年对准部作战前三四年，雍正帝已经在中央组织起由怡亲王允祥、大学士张廷玉、蒋廷锡组成的小班底，以内务府皇商为中介，开展全国范围的军需调度，又命允祥亲自在内务府造办处督造火炮、鸟枪、弓箭、盔甲等重要武器，不再假手前线将领。此外，雍正帝还不断地在奏折中与岳钟琪探讨行军路线、战法阵形等战术级别的问题，甚至亲自指令，与此前放手令年羹尧"专阃"西北的做派截然不同。

事实上，情势瞬息万变的战争环境与承平之下的政治治理大为不同。政治上的分权或可起到相互制衡、控制风险的作用，但战争情况下的分权，很可能造成将帅之间、前方后方互相掣肘，争功诿过，从而丧失战机，甚至一败涂地。清廷这次西征准部，就犯了这样的大忌。战争刚一开始就满汉相猜、调度失灵，甚至频繁换将。雍正九年六月，北路军主将傅尔丹率领的一万八旗兵轻敌冒进，在和通泊（今蒙古国布彦图市）大败，多名高级将领惨烈阵亡，只剩下两千余名残兵逃至科布多。雍正十年（1732）正月，岳钟琪派出的副将军石云倬出兵迟缓，放走了已经投入罗网的准部汗王噶尔丹策陵。虽然两场战役都没有收到预期效果，但照理说，北路军是大败，西路军只是出击无效，然而此时的雍正帝已经彻底将立场站在满人将领一边，对损兵折将的傅尔丹只给予了降职处分；对岳钟琪则彻底否定，召其回京，随后更是听信川陕总督查郎阿之言，将岳钟琪判以斩监候，囚禁狱中数年，又将其麾下主要将领纪成斌、曹勷斩于军前。

虽然在雍正十年底，雍正帝的妹夫、英勇善战的蒙古赛音诺颜部贵族策凌在额尔德尼召重挫准部主力（史称光显寺大捷），但因为数年拉锯战严重消耗了清廷的财力物力，到雍正十一年（1733）五月，清廷被迫改变彻底消灭准部的预期目标，与之罢兵议和。在国力鼎盛之际，以大国而敌一隅，结果虽然是胜负各半，但对清廷而言也足称得上发动了一场失败的战争。将这场战争的失败与年羹尧青海之争的速胜、全胜相对照，除了军事策略本身的问题外，其中的政治原因，也是不言自明。

曾经钟鸣鼎食的年氏家族就这样忽盛忽衰，烟消云散。雍正帝在"后年羹尧时代"消除年羹尧个人影响，但保持西北军事实力、成就乃父未尽功业的理想也没有实现。稍晚时候的大诗人沈德潜曾作乐府《汉将行》一首，据说是明写西汉年间的卫、霍家史，暗讽当朝年家故事。谨以此诗为拙文作结尾，留待读者回味。

汉将行

汉京崇阀阅，汉代多高勋。

鼓刀狗屠皆得势,何况卫霍天家亲。
天家之亲本荣贵,叱咤风云众人畏。
浑邪此日尚称王,诏遣立功向边地。
追随不数执金吾,鞭挞常加骑都尉。
归来献捷觐王都,剑履公然殿上趋。
姓名已勒燕然石,方略还成充国图。
请夺田园武安客,横行朝市霍家奴。
宝器征求归邸第,通侯爵赏及童雏。
誓辞真许天长久,雨露恩私无日无。
祸福循环倚还伏,从来欹器常倾覆。
井泉流溢鹍画鸣,牦缨加剑全家哭。
铁券丹书返内庭,柘林兔苑移他族。
报恩之子倏操戈,珠履三千去何速。
北邙抔土竟无存,万事豪华如转烛。
前车之覆后车诫,后车不诫终当败。
窦田骄横总沦亡,博陆功名空盖代。
君不见波浪掀天舸舰危,使帆全在转帆时。
功成早办藏弓意,只有浮家范蠡知。

附录1

年羹尧官海浮沉表

时间	年龄	爵位	职位	品级	差遣
康熙三十九年五月	21岁		翰林院庶吉士		
康熙四十二年四月	24岁		翰林院检讨	从七品	
康熙四十四年五月	26岁		翰林院检讨	从七品	四川乡试正考官
康熙四十五年	27岁		翰林院侍读	正六品	
康熙四十六年	28岁		翰林院侍讲学士	从四品	
康熙四十七年五月	29岁		翰林院侍讲学士	从四品	广东乡试正考官

(续表)

时间	年龄	爵位	职位	品级	差遣
康熙四十八年二月	30岁		内阁学士兼礼部侍郎	正三品	
康熙四十八年三月	30岁		内阁学士兼礼部侍郎	正三品	颁敕副使（为诏复太子遣使朝鲜）
康熙四十八年九月	30岁		四川巡抚	正三品	
康熙五十七年十月	39岁		四川总督	从二品	
康熙六十年四月	42岁		川陕总督	从二品	
雍正元年二月	44岁	二等阿达哈哈番	川陕总督	从二品	
雍正元年三月	44岁	三等公	川陕总督	超品	
雍正元年十月	44岁	二等公	川陕总督	超品	抚远大将军

(续表)

时间	年龄	爵位	职位	品级	差遣
雍正二年三月	45岁	一等公（加赏精奇尼哈番）	川陕总督	超品	抚远大将军
雍正二年十一月	45岁	一等公（加赏一等阿思哈尼哈番）	川陕总督	超品	抚远大将军
雍正三年四月	46岁	一等公	杭州将军	超品	抚远大将军印缴回
雍正三年七月十七日	46岁	二等公	杭州将军	超品	
雍正三年七月二十二日	46岁	三等公	杭州将军	超品	
雍正三年七月二十四日	46岁	三等公		超品	闲散章京
雍正三年八月初十	46岁	一等精奇尼哈番		正一品	闲散章京
雍正三年八月二十三日	46岁	一等阿思哈尼哈番		正二品	闲散章京

(续表)

时间	年龄	爵位	职位	品级	差遣
雍正三年八月二十五日	46岁	一等阿达哈哈番		正三品	闲散章京
雍正三年九月十七日	46岁	所有职衔全部革去			
雍正三年九月二十一日	46岁	锁拿进京			
雍正三年十二月初十日	46岁	赐自尽			

附录2

年羹尧九十二款大罪

大逆之罪五：

与静一道人、邹鲁等谋为不轨；

将朱批谕旨，辄敢仿写进呈；

见汪景祺《西征随笔》不行参奏；

家藏锁子甲，又私行多贮铅子，皆军需禁物；

伪造图谶妖言。

欺罔之罪九：

郿阳用兵，致死无辜良民八百余口，奉旨查问，始奏并无伤损一人，后又只奏出六人；

纵容私人边鸿烈等恣行骚扰，激变番民，不即参奏；

诡劾都统武格等镇海堡失律；

西安起身，私嘱咸宁令朱炯，买人保留；

通同赵士河作弊，以刘以堂假冒赵勋名字赴武功县任，巧饰具奏；

将幕宾张泰基父子、赵士河之弟赵淇，及伊兄年法尧，并高之傅等共十八案，冒入军功；

家人魏之耀家产数十万金，妄奏毫无受贿；

西宁效力者，实止六十二员，册报一百零九员；

将退役王治奇名字，冒入军功，令他人顶替，选授广德州州判。

僭越之罪十六：

出门黄土填道，官员穿补服净街；

验看武官，用绿头牌引见；

会府龙牌前，设床正座；

用鹅黄小刀荷包，擅穿四衩衣服；

衣服俱用黄包袱；

官员馈送，俱云恭进；

伊子穿四团补服；

凡与属员物件，令北向叩头谢恩；

总督李维钧、巡抚范时捷跪道迎接，受之不辞；

令扎萨克郡王、额驸阿宝下跪；

行文督抚，书官书名；

进京陛见，沿途垫道叠桥，铺面俱令关闭；

坐落公馆，墙壁俱彩画四爪龙；

辕门鼓厅，画四爪龙，吹手穿缎蟒袍；

私造大将军令箭，又将颁发大将军令箭烧毁；

赏赐动至千万，提镇叩头谢恩。

狂悖之罪十三：

两次恩诏到陕，并不宣读、亦不张挂；

奏折在内房启发，并不穿朝服大堂拜送；

同城巡抚，不许放炮；

勒娶蒙古贝勒七信之女为妾；

以侍卫摆队，前引后随，又令坠镫；

大将军印不肯交出；

妄称大将军所行之事，俱循照俗例而行；

纵容家人魏之耀等，穿朝服补服，与司道提镇同座；

在仪征地方，违旨逗留；

勒令川北总兵王永吉以老病告老；

与行止妄乱之沈竹、戴铎等，结党怀欺，煽惑众听；

袒庇私人马德仁，阻回石文焯参本；

将本内朝乾夕惕，故写夕阳朝乾。

专擅之罪六：

邠阳县建筑城堡，不行题请，擅发银两；

将侍卫李峻等题请，委署守备，奉旨不准题补，又不即行调回；

擅用私票一万两千张，作引十二万道行盐；

将奉旨停捐雍正二年俸工，仍令照旧公捐；

捕获私盐李乾胜，擅令销案；

面嘱董玉祥，将患病守备何天宠，不令照例填注军政；嘱李维钧勒令陆篆接受前任王允猷亏空。

贪黩之罪十八：

题补官员，受谢仪银四十余万两；

勒索捐纳人员额外银二十四万两；

受赵之垣金珠等物，值银二十万两；

取受乐户窦经荣银两；

受宋师曾银一万两，并玉杯等物；

遍置私人、私行盐茶；

私占咸宁等十八处盐窝；

收受葛继孔赠送古玩；

受傅泽沄贿，明知亏空，不行查参；

勒令四省效力人员，每员帮银四千两；

受参革知府栾廷芳贿，欲带往陕省；

将抢掠各番衣物等，奄为己有；

私征新抚各番雍正二年租粮；

蒲州盘获私盐，计值银一万两入己；

差家人高四贩买马匹；

令家人颜泰将马匹发兴安各镇，勒取重价；

委典史朱尚文贩买木植；

令马起龙卖茶，得银九万九千余两。

侵蚀之罪十五：

冒销四川军需一百六十余万两，又加派银五十六万两；

冒销西宁军需四十七万两；

运米四万石至军前，冒销脚价四十余万两；

侵用康熙六十年起至雍正三年俸工银十四万九千余两；

借名建筑布隆吉尔城垣，冒销钱粮；

隐匿夔关历年税银八万八千两，又加派军需粮规五万余两；

将拏获私茶、罚赎银四万余两入己；

侵用河东盐政盈余捐修银五万六千余两；

将现贮西安未运米一万石，捏称运至西宁，冒销脚价四万六千余两；

将宁夏各卫所贮仓耗一万四千石，并不题报，并留宁拴养马匹工料银一万五千两入己；

侵用城工余剩银一万六千余两；

买贮咸长等八县米，浮销价银一万五千余两；

抄没塔儿寺硼砂茜草等物，私自变价一万四千余两；

侵用纪廷诏等捐解银一万两；

砍取卓子山木植，借称公用，存贮入己。

忌刻之罪六：

现任职官，凌虐调遣，任用私人，夺缺委署；

军前官兵支给口粮，不先咨明晋抚，欲致其迟误获罪；

将绰奇会商军饷清字咨文，差赵成谎说非交代事件，欲致岳钟琪违误军需；

捏参程如丝贩卖私盐，杀伤多人；

欲荐李维钧为巡抚，设计诱陷赵之垣；

遏抑阿炳安等军功共六案。

残忍之罪四:

出示访击曹猪头,该县将冯猪头错解,并不覆实,即行枉杀;

无故将笔帖式戴苏锁拿监禁;

急欲出缺,劾金南瑛等七员庸劣病废;

将台吉济克济扎卜等,不善于安辑,致伊等困苦失所。

附录3

官场中的情商:《年羹尧之死》新书出版分享会

嘉宾: 张帆　郑小悠　张一南
时间: 2018年5月27日晚7:00
地点: 彼岸书店

张一南: 各位好,很荣幸应邀参加小悠新书《年羹尧之死》的发布会,我是北大中文系的张一南,是古代文学史的副教授,跟小悠平时很熟,今天很有幸被小悠抓过来做主持。中文系一直对历史系高山仰止,在你们面前我不敢说话,今天十分地惶恐。

这是一本历史著作,可读性很强、文学性很强。我一直在想一个问题,你是如何平衡历史的严谨性和文学的可读性之间的关系的?

郑小悠: 怎么平衡文学性和历史性?我没有考虑过文学性,我写东西就是这样,没有刻意用文学笔法来写。我高考报志愿的时候本想文史专业二选一,因为我高中语文成绩、历史成绩还不错。我父母觉得这两个专业分不高，能不能选一个高分的专业。后来我考上了元培学院，第一学期选了《中国古代史（上）》《古代汉语（上）》，当时下定决心就是上中文系、历史系，至于选哪个，谁给我分高就选谁。因为历史系分数高，所以就去了历史系。可能因为我一直对文学有一点喜欢，经常写一些东西，我写历史学研究的文章或是写普及类的文章，笔法上多少有点文学性，但我自己并没有意识到，我认为我写的还是历史学的东西。写论文的时候，之前很担心是不是写得过于文学化，因为我比较擅长描述人和事，在理论或者历史学研究非常需要的其他技能上自觉有点不足。

张一南：谢谢。我作为粉丝问一些我关心的问题。就着你刚才这个话，我们很关心小悠博士在历史系就读期间是一个什么样的学生，是什么样的学习状态？张老师说一下？

张帆：谢谢各位到场的嘉宾，谢谢张一南老师主持。我现在在北大历史系教书，小悠是我们系已经毕业好几年的博士生，但她跟我不是一个专业，我的专业是元史，她的专业是清史，她的导师是我们系的郭润涛教授，我们很熟。她的研究生开题、考试、答辩，我全程参加的；她的博士论文做的是一个很专门的题目，即"清代刑部"。她进入北大那会儿，北大搞了一个进校后先不分专业，先自由学习一段时间，然后再定专业到各系的体系。她后来选择了历史专业，而且被保送为我们系的硕士研究生，以后申请硕博连读，她的导师一直是郭润涛老师。她的兴趣和研究方向都是清史。我听她自己说，还有她的导师告诉我，她一直对清史感兴趣，中学时代看了很多清史的原始资料，还写网络小说，颇有影响。毕业后到国家图书馆工作，跟我们联系很密切。

张一南：谢谢张老师。作为读者我还很关心一个问题，我感觉到小悠笔下的年羹尧形象好像跟老一代学者或者作家笔下的年羹尧、雍正的形象不太一样。有人会感觉你写的年羹尧心很大的样子，这么一个成功人士，但情商很低，他是怎么获得这么大的成功的？这个问题你怎么看？

郑小悠：我在澎湃问吧上开了一个专栏，里面问得最多的问题是年羹尧混得这么好，有这么高的地位，上层有那么多关系，为什么这个人这么莽、情商那么低，跟顶头上司关系搞成这样？我有时候会简单介绍一下，比方说如果你的父亲是一个省长，你20岁多一点就毕业，做了博士后，30岁被最高领导人提拔为副部级干部，之后做省长，做军区司令、三军总司令，在45岁之前把这些事都完成了，还需要情商干什么？年羹尧45岁前的工作都非常顺，都是别人拉拢他，所以不需要勾心斗角或者巴结比他地位更高的人，完全是凭自己的能力一步一步走上去的，没有刻意地来做。等到雍正和他直接面对面的时候，他已经40多岁了，雍正没有给他机会。雍正一开始对他是无限地追求，比热恋中的人的追求程度还要热烈，年羹尧还需要什么情商，给你相应的回应就可以了。但雍正翻脸就不是那么回事了。40多岁的人再反应过来就晚了。历史上绝大多数建功业的人物都有情商比较低的一面，无灾无难相对来说情商会高一点，更加会处理关系。但是凭功业或者凭因缘际会获得高位的人，其实情商特别高的也没几个。

张一南：从审美上讲，你喜欢这样的人吗？

郑小悠：我要是不喜欢就不会写了，我相对来说更欣赏这种人。张老师您怎么看？

张帆：我不是做清史的，但上课也会讲到雍正、年羹尧。过去我也觉得年羹尧跟雍正非常亲近，两个人关系很铁的，但这本书展现出来的不是这样，而是他们俩不熟，由于一些偶然原因才绑到一块的。这个可能对于我们研究这段历史是一个参考。研究历史，过去研究雍正非常多，雍正传记出了很多本，但没有人从年羹尧角度去写的。年羹尧是怎么发展到这一步的，这本书对大概状况都做了描述，还是很有意思的。看完书以后我也相信她的看法，专门做了分析，年羹尧不是我们想象中的一个人——应该跟雍正走得很近，刻意迎合或者靠巴结上位的。不是这样的。

之前清华大学侯旭东教授出了一本书，叫《宠：信—任型君臣关系与西汉历史的展开》，讲研究中国古代政治史不能完全从制度角度来研究。制度上规定是个什么职位，管什么事，他们怎么来发生功能的关系，这是一方面。有很多是超越人际关系研究的，侯旭东那本书把君臣关系分成两种。一种是隐匿型君臣关系，制度规定的地位和身份，他们俩不见得熟，甚至不认识，但是是一种君臣关系。第二种是信任型君臣关系，有个人背景。我觉得小悠这本书可以为他那本书做一个比较好的个案参考。

小悠这本书的优点是提供了非典型案例：年羹尧不是靠关系上去的，不是真正典型意义上的宠臣，年羹尧是有能力的，前半生很顺，完全靠他自己的能力。这是和一般宠臣不一样的。他如何刻意地迎合和巴结上层领导，这方面好像没有像一般宠臣那样做那么多，这导致他后来的垮台——雍正时期整了很多人，年羹尧是垮台最早的、被打击最厉害的，给他定的罪最多，而且是公开赐死，这样的处罚很严厉，这与他们之间的关系缺乏基础有关。

然而，关键时刻，年羹尧的所作所为帮了雍正的大忙。雍正刚上台时，正是合法性危急的时候，年羹尧一下把雍正的位置巩固了，包括一开始牵制十四阿哥的作用，雍正特别欣赏、特别满意。年羹尧觉得这是应该的，我就这样的。等到后来年羹尧后悔，给雍正写了一封求饶信时，已经来不及了。古代情商问题不好说。还有一些人在官场中上得快，有家庭背景及各种偶然因素，才能出众。这种人可能情商方面没有发育很好。

读这本书我想起一个人，张居正。张居正也是早期太顺了，但张居正心眼很多，上到最高的位置，能力也强，在一个位置上干了很多事，权力掌握太多也不是好事儿，搞不清楚真实的东西。张居正有好多次"收"的机会，但没有控制住自己。年羹尧更年轻更没"收"，被雍正打倒了。很多人不是这样，这都是历史的复杂性。

郑小悠：补充一个，袁枚有一个《随园食单》，说做菜的时候，只能以主菜为主，其他配点葱姜蒜就可以。做这种菜相当于用宰相，用张居正和李德裕这样的人，其他陪衬一点就可以了。几种主菜放在一块，就像平庸的宰相三五人组成一个班子。当时举了这么一个例子，其中就说到张居正、李德裕。我觉得能被形容成这样相对来说基本都是情商不那么太高的，没法和其他人配合，其他人只能低三下四地完全随从于他、附属于他，才能跟他组成一个班子。

张帆：核心意识太强了，在一个集团里面能力很强，就恐怕很难包容或者吸纳别人的东西。另外不够低调，也许一开始还注意，后来觉得自己能力那么强，人人都说水平高，业绩确实也很明显，这时可能就收不住了，高调就高调吧。书里提到的汪景祺，在给年羹尧的信里说年是"宇宙第一伟人"，活在世上没见过您这样的伟人就白活了。甚至最高领导人雍正给他写信都那么客气、那么肉麻。这肯定会让他的判断出问题。

郑小悠：我就想，雍正为什么不把他调进北京，出将入相呢？制度上、惯例上都可以的。但雍正或许想，如果年羹尧在北京，其他人就没法干了，后来的军机大臣或者之前的首辅，都没办法与他共存了。

侯旭东老师的书说，皇帝也希望有一段在熟人社会中的生活，君、臣、百姓，完全是体制外的话，皇帝没有相信的人，自己不舒服，希望在熟人环境里让熟人替他执行什么，放心一点。雍正想把年羹尧当熟人，但年羹尧对雍正不熟，没见过几次，完全是书信交流。康熙末年，从外放四川巡抚到康熙去世，年羹尧只回过北京一次，而且主要是见康熙，也不是见雍正。雍正登基的时候他回来过一次，参加各种仪式性活动，汇报军事，私人交流很少，也没时间多交流。第三次是打胜仗回来的一次。他们俩真的不熟。雍正认为你毕竟是我的旗下属人，应该算是熟人圈。就是他们俩的地位有点错位，没有培养起来那种熟人关系。感觉雍正更主动一点，年羹尧稍微被动一点，年羹尧把自己当成康熙熟人圈的一分子。

张帆：雍正对他的期望比较高，后来发现不是那么回事，失望，落差很大。这方面反映出来年羹尧对雍正不了解，不知道他性格上爱走极端的一面，如果知道的话确实会注意一些。

张一南：我刚才听张老师说很少人从年羹尧的角度写这个事情，那么你是怎么想到的呢？

郑小悠：我们系另外一位老师李新峰（研究明史的老师）让我站在雍正的角度写，虽然非常同情年羹尧，还是得替雍正找年羹尧的毛病；如果站在年羹尧的视角，雍正就是一个变态。他是这么理解的。能对年羹尧抱以很大同情的作者不多，年羹尧在学术研究里是一个配角，在文学作品中稍微著名一点。有一个著名的评书叫《童林传》，也叫《雍正剑侠图》，把年羹尧塑造成连接雍正和侠客中间的一位人物，相对正面一点。《雍正王朝》以及《甄嬛传》中，他被塑造成绝对的大反派，又蠢又狠又贪，最后被杀了，他妹妹也不是什么好东西，其形象是兄妹内外勾结。以他为主角之一,给予比较多同情的,我还是第一个吧。我原来没有关注过他,是在关注雍正过程中发现他确实是重要的人物之一,而且非常有特点,非常有能力,有重大贡献,所以关注到他。他的前几十年非常顺利,突然变成这样,雍正确实很过分。从大结果上来看,雍正有时候被形容成暴君,但他真不是暴君,杀人很少,比乾隆、康熙都少很多。但雍正写的那些信、用的那些方法很过分,从头到尾折腾这一年多,所以我对年羹尧抱以同情,写了这本书。

张帆:年羹尧本身是悲剧人物,前半生太顺了,属于学霸型的人,科举成绩很高,然后做点文化、教育的事,一出来就办大事,没有任何基层工作经验,这是年羹尧情商低的原因。他一出来就是四川巡抚(省级干部),几年内很快连续立大功,马上不知道自己是谁了。张居正也是,进内阁,通过各种手段上去了,还有一个收敛和压抑的过程。但年羹尧一开始就是一把手,官居要职,拿主意的。

郑小悠:清朝升迁路径最好的是年羹尧这个路子,从翰林院内迁转——这也要看时机,前面位子的人要是一直不动,他就上不去。年羹尧特殊机遇、特殊照顾,赶了巧,前面一直没有人,就一直升迁,没几年就从翰林院当到内阁学士。跟他一起中进士的张廷玉,外祖父姚氏在朝中很有地位,母亲家、父亲家都是很有势力的。张廷玉的满文非常好,翰林院翻译考试第一名,年羹尧是勉强过关的。而且张廷玉长得更帅,按说他的条件比年羹尧更好一点,但他的升迁慢一点。年羹尧任四川巡抚肯定是康熙特殊要求的。一般不大会在这个时候外放，因为他完全没有实际工作经验，一直在北京的文职机构里工作。所以，就是因为康熙对他的能力非常信任才外放的。当时四川的情况比较特殊，明清之际战争破坏特别大，敢派年羹尧这么年轻、没有资历的人去做巡抚，说明年羹尧在翰林院期间表现出了出色的军事才能。

现场观众：我知道年羹尧的妹妹年贵妃是皇帝身边的红人。小悠老师写这本书的时候有没有研究一下他们的家书？从家书角度来说，年羹尧对雍正皇帝应该有更多的了解，因为年羹尧的妹妹，是皇帝身边的人，所以熟与不熟有更多的说法。

郑小悠：年羹尧和他妹妹交流可能不太多，年龄相差很大。年羹尧比雍正小一岁，雍正比年贵妃大十五六岁；年羹尧是庶出的，年贵妃也是庶出的，不是一个妈；加上女孩出嫁比较早，估计交流不是很多。年贵妃在王府的时候会跟她哥哥通信，但如果不太熟，通信也不会很多。进宫之后，我书里提到年贵妃后来没有受到她哥的影响，因为为人比较谨慎，"家书不发大将军"。他们俩从来不通信，所以也没有影响到她，也不会有什么宫廷秘闻传出去。兄妹之间是有亲属关系，但未必有很多交流。

现场观众：在翰林院升礼部侍郎的多不多？年羹尧为什么能升迁这么快？

郑小悠：是有机遇的，在翰林院无所谓犯错误与否，如果前面的人能及时升转，他就能及时顶上。主要是在翰林院能跟皇帝直接认识，虽然品级不高，但兼着南书房和上书房的差事：南书房是起草诗文、礼仪性文稿的地方；进上书房是给皇子当老师，直接跟皇帝认识。另一方面，衙门大，级别高，编制多，人少，而且不容易犯错误，没什么可犯的。

现场观众：清朝在制度方面对权臣的压制比明朝强得多，我想起的清朝权臣前期是鳌拜、后期是肃顺。年羹尧这些雍正朝的重臣，稍有专权马上就被打掉了，是不是制度方面有一些建设？

张帆：应该是有，制度上的建设主要是一种意识。明朝也有很多防范权臣的制度。内阁不是一个直接管事的机构，就是提点意见，你没有行政管理的权力，按说应该把这个权力给控制住。但内阁也不一样，有时候皇帝就是放纵、默认它。制度是制度，就看皇帝怎么想的。清朝皇帝的皇权意识都很强，只有雍正初年对几个得力干将比较放纵，他们自己也没摆正位置，搞到最后结果很不好。其他控制得相当可以。乾隆说过一句话，"本朝无名臣也无奸臣"。有部分原因在制度上，也因为皇帝个人意识、掌控权力的能力很强，保证制度能落到实处。

郑小悠：雍正有一个特点。我们原来研究上更强调他抑制大臣权力的方向，我个人感觉他在某些层面是放权，他自己喜欢什么都管，也喜欢他信任的人什么都管。他这样做造成的结果并不是出权臣，这好像有点奇怪。像年羹尧拥有的这种权力，后来鄂尔泰基本上也是有的，几个省完全由他控制，什么都由他说了算。雍正完全放心地把一个省或者几个省交给几个人，非常信任。他对督抚比较信任，比较放权，身边除了允祥之外，比较亲近的都是张廷玉这样的人。

允祥比较特殊。我本科学年论文写的是这个。他是宗室亲王，完全站在皇帝立场上，不像清初的诸王。允祥也没有专门地去管这些事情，有介于皇帝和大臣之间的权力，非常有宠臣的性质，但是也没有形成权臣。其实一方面说雍正是压制宗室诸王最厉害的皇帝，另一方面又是信用宗室诸王最厉害的一个皇帝，他在位的时候，直接参与政治的亲王是最多的。康熙的时候很少，尤其是不参与行政行为。雍正是派他几个弟弟分管户部、礼部等，直接参与行政管理。

现场观众：我想问一下，雍正给年羹尧定的92款罪，书的附录有分类和排序，分类和排序的逻辑是什么？这92款罪，按我个人理解，从数量上来讲，可能更多的一类是对皇帝权威不尊重。真正触怒雍正的会不会是这个原因？还有行使职权过程中产生一些超越职权的行为，是为了给他定罪而找出来的罪名。

郑小悠：我后面附录的排序完全是《清实录》的排序。那个归类，比如"残忍""大逆"等若干罪，是当时法律上的说法，归在这一类下，然后有10条、20条，是按照这个标准来的。穿错衣服或者不该用黄而用了黄的、不该画龙却画了龙的比较多，因为这个比较明显。这些罪是下面大臣奏了，比如陕西巡抚说年羹尧罪5款，5款里有4款都是他穿错衣服、打错旗子的。这些不需要调查，说他是肯定是，都是旁人亲眼所见。

贪污多少、挪用、侵占、杀人还是要做一些调查工作的；从数量上看主要是僭越类罪行比较多。

现场观众：年羹尧之死，压死他的最后一根稻草到底是什么？已经贬了很多级了，突然一下杀死他是出于什么原因？

郑小悠：个人觉得跟他是皇室成员有关系，非死不可。

张帆：雍正的小儿子福慧——如果将来福慧继承皇位，年羹尧比较可怕，年羹尧这么年轻，威望这么高。当然这是这本书的推断，如果要写著作，需要再侧面论证下。但至少有这种可能。

现场观众：之前看您写，说雍正不想杀年羹尧，但有一只老虎跑到京城，进了年羹尧家，所以雍正杀了年羹尧？

郑小悠：这是我的推测。研究者提到这段史料的时候不说真假，就说有这个事，而且说得有鼻子有眼，特别具体，但我觉得肯定是瞎说的。如果有只老虎跑北京来还可以理解，但说从哪个城墙上走多少里，在什么时辰到了他们家，而且在城墙上走马道，还不咬人，就够玄乎。如果真有这么一码事就传遍京城了。

现场观众：这个事情给雍正带来什么影响？

郑小悠：我觉得没有这码事，就是他自己编的上天预兆。当时有一种说法是年羹尧白虎转世，雍正说元年梦到一只老虎，现在又来一只，还是活的。

现场观众：我对小悠老师的一个提法非常感兴趣，就是说雍正是"重度文字表演型人格"。您把雍正和年羹尧的人格做了对比，雍正写了非常肉麻的话和朱批。相对而言，您分析年羹尧有相对独立的人格。我对这个比较感兴趣，想听您分析一下。

郑小悠：年羹尧比较正常，写信有事说事，大不了给领导写信吹捧两句就差不多了，不会写成情书，而且他们俩关系不熟。但雍正不光是对年羹尧，对很多人都是这样的。

张一南：我是一个《红楼梦》爱好者，我想问，你怎么看清代中叶社会，这是一个什么样的社会状况？

郑小悠：雍乾时期，我觉得是彻底脱离明末的那种感觉。清初还是一定程度上延续了明末，不管是制度上、政治上，还是社会风气上。但雍乾时期完全不一样，变成新的时代，包括审美、工艺、人的性格、感觉、制度，连续性慢慢消失了，变成了新朝新气象。社会发展和王朝变革并不是同步的，相对来说慢一点，雍乾时期差不多完成这种转变了。曹雪芹的写作背景不是很清楚，有些说是明朝，有些说是清初，有些说是雍乾时期，这个相对模糊，没有很明确。但从《红楼梦》和《金瓶梅》的背景来看，变化比较大，人的意识、思维方式确实不一样，有它独特的地方。但我觉得《红楼梦》不宜跟当时具体的史实结合得太紧密。

思维方式有一些差别。清朝人和明朝人不一样，看《清会典》和《明会典》就知道。《清会典》立志于把每件事说清楚，明朝要混淆。我们现在的思维方式，把什么事弄清楚，更接近于雍正以后的清朝。康熙那时候还是不太清楚，包括那时候的公文，雍正以后是一个风格，康熙以前是一个风格。雍正是把什么事都要弄清楚的一个人，任用的也都是这么一批人，后面带动的风气比较务实或者重实效。比如我的导师郭润涛老师研究师爷、地方政务职业化或者标准化，也大概是从雍正以后开始。康熙年间两江总督都只有两个师爷，而且没有专门分工，但雍正以后差不多每个知县都得有师爷，分工非常细。这时候的公文要求很高，又在吏部、户部、刑部制定了一系列非常严谨的KPI考核制度，地方官员必须把工作做得更精细，才能保住官位，于是就自掏腰包，聘请了一些专门从事法律、财务工作的高手，实现了政务的相对标准化。整个官场的状态显得跟康熙年间那种相对大而化之的感觉不太一样。这种差别，比康熙中前期和崇祯年间这样跨朝代的差别更大。我博士论文做的是刑部方面的研究，从公文角度、从下级向上级汇报工作的严谨度来说，雍正朝确实是一个转折，前面不追求特别清楚。

现场观众： 清朝时，比如雍正朝、乾隆朝一年会判多少个死刑？

郑小悠： 最少是康熙年间，好几年是几十个人。康熙是不喜欢杀人的。雍正相对多一点，但也就是一两百。清朝最多的是在乾隆五十年左右，差不多一千多。秋审勾决大典在乾隆中后期基本上没停过，每年都搞，除非有重大节庆。所以要说执法比较严，可能乾隆要比雍正严得多，当然跟人口数量的变化也有密切关系。

张帆：乾隆皇帝的时候，社会不稳，出了白莲教。

郑小悠：人口达到高峰。

现场观众：什么情况下皇帝会进行赦免？

张帆：各朝不一样，清朝大赦多，皇帝登基、大节庆、大庆典、皇帝结婚……另外，有重大的天灾也会大赦。

郑小悠：大赦也不是全都放了。

张帆：有些减轻，有些放了。标准不一样。古代认为大赦太多不好，对受害人不公平，司法秩序就维持不了。既然被判了刑，肯定有问题，都放了是不行的。

郑小悠：原来康熙这个人比较宽仁，经常停秋决，好几年不决一次。但这个也有问题：不决，这些人关在监狱里，关死了的人一点儿不比杀的少。而且那些不该死的也都死了。从方苞写的《狱中杂记》可以看出，康熙年间的监狱简直太糟糕了。我看后面的材料，监狱的情况比方苞写的好很多，每年该杀杀，该流放流放，该放人放人，监狱里的人保持比较少的数量，瘟疫就比较少。

现场观众：年羹尧在推荐人这块儿非常有成果，请您介绍一下。

郑小悠：雍正当亲王的时间比较长，又是以富贵闲人形象出现的，尽量少结交大臣，据说连张廷玉都不认识。因为认识的人少，登基之后需要一个媒介认识在朝的大臣，确定用谁不用谁，谁有能力谁没有能力。年羹尧正好文武两道都认识，既是科举出身又带兵，跟汉人说得来，跟满族家庭也有密切交往，是非常好的媒介，又有郎舅关系，是雍正非常看重的一个人。

年羹尧和雍正看人比较一致。鄂尔泰就是年羹尧推荐给雍正的，后来发展特别好，三级跳。雍正也不认识他——一个不认识的人有这么重要的职位，肯定是中间人起到很大的作用。还有史贻直，和他们是同科进士，但年龄比他们小很多，玩不到一块儿去，所以发展不如年龄稍微大一点的人好，康熙末年有点老上不去的感觉。后来年羹尧就向雍正推荐他，一下从翰林院一般职位做了吏部侍郎，当时史贻直才40岁出头。他主要举荐他的同学，康熙三十八年举人和康熙三十九年进士，还有西北的下属。

张帆：古代人事制度，哪些岗位上选拔什么人是有制度的。明清时期绝大部分三品以下官员都是吏部安排的，吏部根据各种规定，有一些方法，按部就班，有一套规则可以去查。但是高层职务，如三品以上，皇帝有非常大的决定权，到明朝以后，高层人士是皇帝直接管。清朝的时候修改了一下，吏部也可以提名，但提名对皇帝没有约束权，皇帝反正想用谁就用谁。提拔一个中级干部到高层，清朝是可以的。

郑小悠：雍正和乾隆是典型的想提拔谁就提拔谁、想跨几级就跨几级。雍正快死了，想把鄂尔泰调到北京来，让鄂尔泰找一个适合做云贵广西三省总督的人来替他改土归流，就跟鄂尔泰说，不用拘泥于这个人现在是什么人物，内外大小文武官员，只要你看中的，都可以跟我说。可见，中下级官员也可以很快地提拔到这个职位上，只要是鄂尔泰觉得行就可以。雍正经常给在朝在外大小官员发一道密折：你们的亲朋好友、你认识谁，现在有没有职务都没关系，只要觉得这个人行就行，都推荐给我。他这样做过好几次，从这里面弄了一些人。

现场观众：书里提到雍正继位可能是做了一些小动作，刚才说到雍正不善结交。但如果不去结交一些亲信，这些小动作怎么来做？

郑小悠：不矛盾。他不喜欢泛泛地搞很多人脉，但不排除结交一两个很重要的。他跟老八不一样，老八是谁都交，大人物小人物都交；雍正是一般的人不理，重要的会结交。

张一南：今天非常荣幸坐在这里。大家百忙中抽出时间为小悠老师的新书发布会助威，非常感谢大家，我们度过了非常愉快的夜晚。再次感谢张老师，感谢小悠老师，感谢在座的各位，谢谢大家。

参考文献

一、史料

《清实录·圣祖仁皇帝实录》，北京：中华书局，2008年版。

《清实录·世宗宪皇帝实录》，北京：中华书局，2008年版。

《清实录·高宗纯皇帝实录》，北京：中华书局，2008年版。

《康熙起居注》，北京：中华书局，1984年版。

《雍正朝起居注册》，北京：中华书局，1993年版。

《钦定大清会典事例》（嘉庆朝），《近代中国史料丛刊》第三编，台北：文海出版社，1991年版。

中国第一历史档案馆藏清代军机录副、朱批奏折、刑科题本等未刊档案史料。

《明清档案》，"中央研究院"历史语言研究所藏清代内阁大库档案，台北：联经出版事业公司，1986年版。

《康熙朝汉文朱批奏折汇编》，中国第一历史档案馆编，北京：档案出版社，1985年版。

《康熙朝满文朱批奏折全译》，中国第一历史档案馆编译，北京：中国社会科学出版社，1997年版。

《雍正朝汉文谕旨汇编》，桂林：广西师范大学出版社，

2008年版。

《雍正朝汉文朱批奏折汇编》，南京：江苏古籍出版社，1988年版。

《雍正朝满文朱批奏折全译》，合肥：黄山书社，1998年版。

《文献丛编》第一辑，北京：故宫博物院，1936年版。

《年羹尧奏折专辑》，台北："国立故宫博物院"，1971年印行。

《年羹尧满汉奏折译编》，季永海等翻译点校，天津：天津古籍出版社，1995年版。

《读书堂西征随笔》，汪景祺著，上海：上海书店，1984年版。

《永宪录》，萧奭著、朱南铣点校，《清代史料笔记丛刊》，北京：中华书局，1984年版。

《沈归愚诗文全集》，沈德潜著，《清代诗文集汇编》第234册，上海：上海古籍出版社，2010年版。

二、学术论著：

冯尔康：《雍正传》，上海三联书店，1999年版。

杨启樵：《雍正帝及其密折制度研究》，上海古籍出版社，2003年。

陈晓枫：《九十二宗罪：雍正杀年羹尧的缘由与诡局》，武汉大学出版社，2014年。

林乾：《雍正十三年》，中信出版社，2017年。

徐凯：《岳钟琪论》，《北京大学学报（哲学社会科学版）》，

1984年第5期。

王钟翰：《年羹尧西征问题——兼论雍正西北民族政策》，《青海社会科学》，1990年第4期。

史松：《论年羹尧之死》，《清史研究》，1991年第3期。

孟姝芳：《蔡珽与年羹尧案关系考略》，《清史研究》，2005年第1期。

再版后记

《年羹尧之死》是我正式出版的第一部作品，面世于2018年春天。那时候，专业研究者，特别是青年研究者写作历史非虚构作品的认可度远远不能与现在相比，实践者也少得可怜——在国内，把"非虚构"这一文学创作形式冠以历史之名，还是2020年以后的事情。因此，无论从我个人出版经验之不足，还是从落落寡合、难于请益的角度讲，这本书的创作，都是彻头彻尾地摸着石头过河，毫无成熟可言。不过，或许是我那清澈愚蠢的写法，冒失得别有新意，小书上市伊始，竟获得学界、出版界前辈，诸多媒体、广大读者的格外鼓励支持，社会影响力大大超过我的预期。意想不到的幸福开启了我沾沾自喜的非学术写作之路，《清代的案与刑》《九王夺嫡》继踵而来，去年更不务正业地出版了历史小说《雍正：天地古今惟一啸》。被看到、被认可，对于年轻人而言就是如此重要。

这些年，我有意识地向许多本专业同道——那些家庭事业趋于稳定、本业之外别有余暇的前辈学者；苦熬多年、学术倦怠的青年教师；面对激烈竞争、不知前路何方的在读学生，推荐公共史学的发展方向——那个长期处在学术研究视野之外的广袤空间，同样是历史学散发魅力的舞台。《年羹尧之死》出版前，我很难想象它的主要阅读群体是中青年职场人士，这些奔波忙碌的社会中坚，竟有如此闲情了解生计、行业之外的无用知识吗？事实上，大家关注的可能并非知识，而是古往今来，人性底层的相通之处。读者从历史的悲喜中寻找自己，那些当局者迷的现世难题，不定就从古人的言行中点破勘透。我们史料读得多一些、学术训练久一些的专业研究者，理所当然承担起这样的责任，把自己的所读所感传递出去，满足更多人的历史文化情结与自我认同需求。

如我所愿，近年来，越来越多的历史学者开始尝试这一工作，越来越多的出版机构将其作为重要发展方向，越来越多的优秀作品喷涌而出，几有眼花缭乱之势。相比之下，《年羹尧之死》不免显得更加稚嫩浅薄，如果说其再版的必要性，或许就是作为那些更成熟、更可读作品的对照组，展示我国历史非虚构写作未尽得人时的作品面貌。

因时间精力有限，较旧版而言，新版在内容上几无增删，惟对几处知识性、文字性错误进行修改，又在文末补充参考文献，特别是前辈学者相关研究。这里要专门提到书评人启风先生对拙作的批评[1]，首次出版时，拿不准非学术作品创作体例的

---

[1] 详见启风《参考书目不该回避前人著作》，《南都周刊·2018年"十大失望之书"》。

我对这一问题考虑不周，幸蒙提示，感愧无地，再版时谨为添补，并致谢忱。

郑小悠

2024年6月2日于家中